Richard Oertel

Francisco de Goya

Verlag
der
Wissenschaften

Richard Oertel

Francisco de Goya

ISBN/EAN: 9783957008732

Auflage: 1

Erscheinungsjahr: 2016

Erscheinungsort: Norderstedt, Deutschland

Hergestellt in Europa, USA, Kanada, Australien, Japan
Verlag der Wissenschaften in Hansebooks GmbH, Norderstedt

Francisco de Goya

Von

Dr. Richard Oertel

Mit 144 Abbildungen, einem Titelbild und vier Einschaltbildern

Bielefeld und Leipzig

Verlag von Velhagen & Klasing

1907

Von diesem Werke ist für Liebhaber und Freunde besonders luxuriös ausgestatteter Bücher außer der vorliegenden Ausgabe

eine numerierte Ausgabe

veranstaltet, von der nur 12 Exemplare auf Extra-Kunstdruckpapier hergestellt sind. Jedes Exemplar ist in der Presse sorgfältig numeriert (von 1 — 12) und in einen reichen Ganzlederband gebunden. Der Preis eines solchen Exemplars beträgt 20 M. Ein Nachdruck dieser Ausgabe, auf welche jede Buchhandlung Bestellungen annimmt, wird nicht veranstaltet.

Die Verlagshandlung.

Francisco de Goya.
Gemälde von Vincente Lopez. 1826. Madrid, Pradomuseum. (Zu Seite 168.)

Francisco de Goya.

Mit Murillo war die klassische Zeit der spanischen Kunst vorüber. Die Maler des Jahrhunderts nach seinem Tode (1682) sind Epigonen, die vom großen Erbe der Vergangenheit zehren, um schließlich in den Manierismus zu verfallen, der das allgemeine Kennzeichen dieser Epoche bildet. Von einer nationalen Richtung konnte nicht mehr die Rede sein, noch von Leistungen, die einen Platz in der Weltgeschichte der Kunst beanspruchen durften.

Aber wie Italien, das den gleichen künstlerischen Niedergang, nur Jahrzehnte früher, zeigt, durch Tiepolo eine Nachblüte und die Erinnerung an den alten Glanz der venezianischen Malerei erlebt, so ersteht auch der spanischen Kunst gerade in der Zeit ihres kläglichsten Tiefstandes, wie vom Himmel gefallen, noch einmal ein nationaler Meister, der sich, obwohl ganz anders geartet, den großen Vorgängern würdig an die Seite stellt: Francisco de Goya.

Goya war eine der vielseitigsten, begabtesten, eigenartigsten und problematischsten Künstlernaturen, die die Welt in den Jahrtausenden ihrer Entwicklung gesehen hat. Sein Lebenswerk umfaßt über 1400 Nummern, die sich gleichmäßig auf die verschiedensten Zweige künstlerischer Betätigung und auf fast alle denkbaren Gebiete verteilen: Andachtsbilder mit biblischen und legendären Stoffen, Wandmalereien, kirchliche und weltliche, Historienbilder aus der Vergangenheit und Gegenwart, Porträts jeder Art und Gattung, Gruppen- und Einzelbildnisse, intime Charakterköpfe und dekorative Repräsentationsstücke, Mythologien, Allegorien, Genredarstellungen, miniaturartig durchgeführte neben gewaltigen Impressionen, Tierbilder und Stilleben. Selbst die Landschaft, die der spanischen Malerei bisher ziemlich fremd geblieben war, ist von Goya liebevoll gepflegt worden, wenn auch nicht als Selbstzweck, so doch als groß angelegter Hintergrund auf Sittenbildern. Goya hat sich als einer der ersten auf dem jungen Gebiete der Lithographie versucht und über 250 Radierungen geschaffen. Daneben finden sich mehr als 500 Zeichnungen in jeder Technik, in Tinte, Sepia, Tusche, Kreide und Wasserfarben.

Noch ungeheurer als dieser äußere Umfang ist der inhaltliche Reichtum. Wird in der Größe des Lebenswerkes Goya noch von Rembrandt übertroffen, im Stofflichen ist er ihm über. Leider besitzen nur wenige Kenntnis von der Vielseitigkeit dieser Darstellungswelt; wer sich aber hineinversenkt, wird staunend sagen, daß in der ganzen Geschichte der Kunst kein zweiter so gewaltig von dem „bunten Chaos des Lebens" ergriffen war wie Goya.

Erhebt schon diese unvergleichliche geistige Größe Goyas Erscheinung zu einem der ersten Ereignisse der Kunstgeschichte, so gewinnt sie noch eine weitere Bedeutung, weil dieser Spanier der Kunst neue Gebiete und neue Pfade wies. Er war ein Wegbahner in der Behandlung der Probleme von Luft, Licht und Bewegung und hat als solcher auf die Entwicklung der modernen Kunst einen Einfluß geübt, der sich heute noch nicht abschätzen läßt, der sich aber bei der erleichterten Anschauung für die Zukunft sicher noch in weit stärkerem Maße geltend machen wird als bisher.

Dabei war Goya eine Erscheinung, gleich interessant als Mensch, als Bürger, als Sohn seines Volkes, wie als Künstler. Während seines langen, 80 Jahre überschreitenden Lebens spielt sich in wechselvollen Geschicken ein großes Stück spanischen Staats- und Kulturlebens ab, das in Goyas Kunst seinen Niederschlag findet. Kein Historiker der Welt wird je die Treue und die eindringliche packende Kraft der Schilderung erreichen, wie Goya in dem tausendfach gestalteten Bilde, das er vom spanischen Leben zwischen 1770 und 1820 hinterlassen hat. Vom ersten Augenblicke an, wo seine künstlerische Tätigkeit einsetzt, war er mit Pinsel, Stift und Radiernadel unermüdlich, fieberhaft beschäftigt, die Dinge seines Landes wiederzugeben. Dieser politische und kulturelle Hintergrund umgibt Goyas Leben und Schaffen mit eigentümlichem Reiz.

Es ist viel, was dieser merkwürdigen Künstlergestalt eine ungewöhnliche Anziehungskraft verleiht: die seltsamen Wandlungen seiner äußern Laufbahn vom Bauernsohn zum bewunderten Hofmaler, vom Günstling zum vergrämten Greis, das Temperamentvolle seiner von Leidenschaften durchtobten Natur, die bizarren Widersprüche seines Charakters, seiner Lebensführung, die wunderlichen Gegensätze in seinem Werke, die scharfe Beobachtung von Welt und Menschen, die geniale Begabung, die unermeßliche, gleich kühn in lichte Höhen und dunkle Tiefen schweifende Phantasie, die grausigen Träume und düsteren Grübeleien seiner Einsamkeit, das Groteske, Dämonisch-Verzerrte seiner Radierungen, die hohe dramatische Spannung in seinen Kriegsszenen, die anziehende Darstellung des Volkslebens, die wilde Bewegtheit in seinen Stierkampfbildern, die malerische Anordnung und geistige Durchdringung in den Porträts, die spanische Eigenart des Naturells, der großartige Hintergrund einer unvergleichlich interessanten Geschichte, Nation, Gesellschaft und Kultur, der Freimut seiner künstlerischen Äußerungen über die Mißstände der Zeit, die bis ins höchste Alter unverwüstliche Arbeitskraft, die ewig-junge Gestaltungsgabe und die Fülle von Erscheinungen der heterogensten Art, die erstaunliche Selbständigkeit seines gesamten Schaffens, der Schwung und die Beschränkung in seinen Ausdrucksmitteln, die wunderbare Sicherheit in jedweder Technik, auf jeglichem Stoffgebiet, das Zwingende in seiner Gesamterscheinung, der geschlossene, große Grundzug seiner Kunst, sein meteorhaftes Erscheinen, seine Abneigung gegen den Bann akademischen Zopfes, die Entwicklung vom sauberglatten Maler des Rokoko zum Realisten in Koloristik und Psychologie, zum Neugestalter und Pfadfinder, die Anfänge der impressionistischen und pleinairistischen Kunst, die moderne Tendenz in Auffassung und Ausführung, in Wesen und Anschauung, der Einfluß auf manche Strömungen in der Mal- und Griffelkunst der Gegenwart, die einsame Größe seiner künstlerischen Persönlichkeit in einer Epoche der Ohnmacht und des Verfalls usw.

Und doch ist Goyas Ruf von Anfang an so wenig über die Grenzen seines Landes hinausgedrungen, daß der Name nicht einmal jedem Fachmann geläufig war. Die Gründe für diese merkwürdige Tatsache liegen vornehmlich in den unseligen Zeitverhältnissen, den Greueln der Revolution und den Nöten der Napoleonskriege, die das ganze Interesse der Welt absorbierten, und in Spaniens politischer, geographischer und künstlerischer Abgeschlossenheit. Hat doch der Wall der Pyrenäen hingereicht, daß selbst der größte Sohn spanischer Erde jahrhundertelang den Kulturländern so gut wie unbekannt blieb oder wenigstens verkannt wurde. Heute, wo alle Welt in der Bewunderung des Velasquez einig ist, hat man beinahe vergessen, daß er erst vor 50, 60 Jahren sozusagen entdeckt wurde, durch englische Maler, die auf der iberischen Halbinsel nach romantischen Motiven suchten und zufällig nach Sevilla und in den Prado kamen, und daß noch Thomas Couture, der den Ruhm genoß, der erste Farbenkünstler der Zeit zu sein, seine Schüler, unter denen sich auch Manet befand, vor Velasquez eindringlich zu warnen pflegte, weil er sich nicht auf die Tonwerte verstanden habe. Wie die Bilder seiner großen Vorgänger, waren auch Goyas Werke fast ohne Ausnahme im Lande geblieben, und wer kam nach Spanien! Aber auch dort blieb seine künstlerische Persönlichkeit manchem verschlossen. Die Bilder waren über das ganze Land zerstreut, von Sevilla bis Zaragoza, von Valencia bis an den Ozean, und befanden sich zum größten Teile auf den Schlössern der Granden oder sonst in schwer zugänglichem Familienbesitz. Was von Goya in Kirchen zu sehen war, zeigte ihn nicht gerade von der vorteilhaftesten Seite. Die Majabilder der Madrider Akademie wurden als Nuditäten nicht gezeigt,

Abb. 1. Da. Josefa Bayeu y Goya, des Künstlers Gattin.
Madrid, Pradomuseum.
Nach einer Originalphotographie von J. Laurent & Cie., Madrid. (Zu Seite 18.)

und im Pradomuseum war bei schlechten Lichtverhältnissen alles dicht zusammengehängt, bis an die Decken hinauf. Auf diese Weise kamen so schiefe, ungerechte und abgeschmackte Urteile zustande, wie sie z. B. Passavant, der in den fünfziger Jahren ein lange geschätztes Buch über die spanische Kunst schrieb, über unsern Meister fällte.

In Frankreich ist allerdings Goyas Bedeutung frühzeitig erkannt worden und immer wieder zum Ausdruck gelangt. Goya war auf französischem Boden gestorben

Abb. 2. Ländliches Frühstück (La merienda). Teppichvorlage. 1776. Madrid, Pradomuseum.
Nach einer Originalphotographie von J. Laurent & Cie., Madrid. (Zu Seite 33.)

und ruhte in Frankreichs Erde, in Frankreich hatte der Greis seine letzten Jahre ver=
bracht und seine letzten Werke geschaffen. Zudem hatten französische Künstler von ihm
Anregungen erhalten. So erschienen in Frankreich die ersten Forschungen über Goyas
Leben. Nachdem Théophile Gautier 1842 zuerst auf die Radierungen hingewiesen hatte,
durchwanderten mehrere französische Kunstschriftsteller Spanien von einem Ende zum
andern, um über den Meister Kunde zu gewinnen, und brachten eine Begeisterung heim,
die wunderliche Blüten trieb. Das Bild, das die Matheron, Lefort und Yriarte von
Goya entwarfen, war falsch. Kritiklos hatten sie sein Leben zu einem Roman heraus=
geputzt, irrtümlich ihn zum Genossen der Diderot und d'Alembert gestempelt, der in
Spanien den Geist der französischen Revolution gepredigt habe, und einseitig den Radierer
bewundert, seine malerischen Leistungen dagegen zum Teil unterschätzt.

Welchen Einfluß Goya auf die französische Kunst jener Tage geübt hat, ist heute
noch nicht spruchreif, aber er darf nicht überschätzt werden und beschränkt sich wahr=
scheinlich auf graphische Gebiete. In der ganzen Geschichte der französischen Malerei
bis 1865 ist nicht die geringste Andeutung zu finden, daß Goya irgendeinem der aus=
übenden Künstler näher bekannt gewesen sei oder gar zum Vorbild gedient habe. Von
dem, was der Louvre besaß, war auch keine besondere Einwirkung zu erwarten. Ein
durch Zufall erworbenes Porträt, das nicht einmal in die erste Reihe gehört, stellte
lange seinen ganzen Bestand dar. Bilder von Goyas Hand, die dann und wann aus
Privatsammlungen auf den Auktionen des Hotel Drouot erschienen, wurden von der
Museumsverwaltung nicht beachtet.

Noch dürftiger war es in andern Ländern bestellt. Die Galerien von London, Petersburg, Berlin, München, Dresden, Wien und Florenz, von den kleineren gar nicht zu reden, hatten nicht ein einziges Bild von Goya aufzuweisen, während die Esterhazy-Sammlung zu Pest, die hier eine rühmliche Ausnahme bildete, wegen ihrer abseitigen Lage leider nur wenig besucht wurde.

Auch schwieg die Kunstforschung. Bis zum Jahre 1900 war, von Frankreich und Spanien abgesehen, nicht ein einziges Buch zu finden, das sich mit diesem Titanen eingehend und wissenschaftlich befaßt hätte. In älteren Handbüchern ist Goya entweder überhaupt nicht erwähnt (Kugler, Springer) oder mit wenigen Zeilen abgetan, die nicht einmal das Richtige treffen. Daß unter all diesen Umständen der Meister dem breiten Publikum eine unbekannte Größe blieb, ist nicht zu verwundern.

Plötzlich kam, was durch Menschenalter auf sich hatte warten lassen. Es ist überraschend, wie ein solcher Umschwung eintritt, und mit welch unglaublicher Schnelligkeit und durchgreifender Wirkung er sich vollziehen kann. Im Verlauf weniger Jahre ist Goya in aller Mund gekommen. Wie ging das zu?

Ich glaube, den ersten Anstoß gab 1896 die Auflösung der berühmten Sammlung der Herzöge von Osuna, die in der gesamten Kunstwelt zu einem Ereignis wurde und über 30 vorzügliche Goyas auf den Markt brachte. Zwei von ihnen erwarb die National Gallery zu London. Ein weiterer Anstoß erfolgte 1899. Die Feierlichkeiten, mit denen damals in Spanien der 300 jährige Geburtstag des großen Velasquez begangen wurde, verliefen in eine Ehrung für Goya. Es fand eine Ausstellung seiner Werke statt, die

Abb. 3. Tanz im Manzanarestal. Teppichvorlage. 1777. Madrid, Pradomuseum.
Nach einer Originalphotographie von J. Laurent & Cie., Madrid. (Zu Seite 33.)

auch von privater Seite reich beschickt war; das Pradomuseum ließ der Neuordnung seiner Velasquez-Schätze eine Neuordnung seiner Goya-Schätze folgen, denen einer der schönsten Säle eingeräumt wurde; man gedachte in zahlreichen Reden der großen Bedeutung des Meisters und holte schließlich in feierlichem Aufzuge seine Gebeine aus Frankreich auf die heimatliche Erde.

Nun folgte Schlag auf Schlag. Von Spanien aus wurde 1902 eine Ausstellung von Gemälden und Radierungen veranstaltet, die über London, Berlin und Wien die Runde machte und in Goyas Art und Entwicklung einen lehrreichen, wenn auch sehr einseitigen Einblick verschaffte. Unter dem Einfluß des erwachenden Interesses wurde eine Reihe wertvoller Tafeln des Meisters im Laufe der letzten Jahre von staatlichen Sammlungen angekauft, der Louvre, die National Gallery, das Pester Museum erwarben Bilder, und 1903 hielt Goya seinen Einzug auch in die Berliner Sammlungen, sowohl in das alte Museum wie in die Nationalgalerie, da er in seiner Doppelstellung als letzter der alten und erster der modernen Meister zu beiden Bereichen gehört. Endlich vermehrte sich die Literatur, deren hervorragendste Erscheinung Valerian von Logas grundlegendes, auf strenger Forschung aufgebautes und gewandt geschriebenes Werk bildet, für das dem Verfasser Dank gebührt.

So steht Goya heute im Vordergrund des künstlerischen und kunstgeschichtlichen Interesses. Nicht, daß er bloß vorübergehend in Mode gekommen wäre, weil die modernen Künstlergruppen ihn auf den Schild hoben und mit hohen Tönen als ihren Vorläufer feierten. Der spät kommende Ruhm ist verdient für alle Zeiten. Auch wer gleich dem Verfasser nicht auf das Programm dieser Strömungen eingeschworen ist, wird, sofern er nur den Willen hat, gewissenhaft, vorurteilslos, mit nüchterner Ruhe zu prüfen und zu lernen, vor der lange vergessenen Größe dieses Genies tief und ehrfurchtsvoll sich beugen. Goyas Lebenswerk ist nicht jedermanns Sache, aber vielen, nicht bloß den Hellmalern und Impressionisten, wird es „eine Welt bedeuten".

*　　*　　*

Francisco José de Goya y Lucientes wurde am 30. März 1746 unweit Zaragoza in dem kleinen Flecken Fuentetodos geboren. Hinter dem stolz klingenden Namen barg sich bescheidene Herkunft. Wenn er auch mütterlicherseits von altem Adel stammte, waren die Eltern doch einfache Landleute, die sich mit ihren vielen Kindern mühsam durchschlugen. Das Geburtshaus, ein unscheinbarer Bau, in dem jetzt Gastwirtschaft betrieben wird, ist noch vorhanden.

Francisco war ursprünglich zum bäuerlichen Beruf bestimmt. Wie er zur Kunst kam, die sein Leben so weit über ein stilles aragonesisches Bauernschicksal hinaushob, ist nicht sicher. Schon seine Jugendjahre hat die Sage mit einem Schimmer der Romantik umwoben. Ein Mönch soll den Knaben eines Tags überrascht haben, wie er, um sich die Langeweile des Viehhütens zu vertreiben, mit Kohle einen Blinden des Dorfes auf eine Wand zeichnete; er sei über die Geschicklichkeit in Verwunderung geraten und habe nach Zustimmung der Eltern den jungen Goya mit nach Zaragoza genommen, um ihn dort der Kunst zuzuführen. Ähnliche Geschichten werden von andern Malern berichtet, wir finden sie von den Frühitalienern bis auf Courbet herab. Tatsache ist freilich, daß ein Mönch, Felix Salcedo von der Kartause Aula Dei bei Zaragoza, dessen Spuren sich bis zum Jahre 1801 verfolgen lassen, in Goyas Leben eine Rolle spielt; er nahm sich wiederholt des Künstlers mit einer Art väterlichen Wohlwollens an und stand ihm bei verschiedenen Anlässen als treuer Berater zur Seite, wie es einstigen Schützlingen gegenüber vorzukommen pflegt. Nach einer andern Erzählung war es ein Graf von Fuentes aus der um Zaragoza reich begüterten fürstlichen Familie der Pignatelli, der die künstlerische Begabung des Knaben zuerst erkannte. Dieser muß bereits in frühester Kindheit mit den Anfangsgründen der Malerei bekannt geworden sein, denn es steht fest, daß er schon, bevor er in die Welt ging, in der Pfarrkirche des Ortes einen Vorhang in Fresko und auf die Tür des Reliquienaltars ein Madonnenbildchen in Öl gemalt hat.

Abb. 4. Rauferei vor dem Wirtshaus. Teppichvorlage. 1777. Madrid, Pradomuseum.
Nach einer Originalphotographie von J. Laurent & Cie., Madrid. (Zu Seite 32 u. 33.)

Natürlich waren diese Versuche sehr bescheidener Art. Als Goya ein halbes Jahrhundert später sein Heimatdorf wieder aufsuchte, fand er die ersten schüchternen Malereien seiner Knabenzeit noch unberührt vor; aber er schämte sich ihrer und leugnete die Vaterschaft mit barschen Worten ab.

Jedenfalls waren Goyas frühzeitige Anlagen derart ermutigend, daß er etwa 13 Jahre alt, um 1759, nach Zaragoza kam, wo ihn der Maler José Luzan y Martinez in seine Werkstatt aufnahm. Für die Heranbildung der Kinder war den Eltern, wie es scheint, kein Opfer zu groß. Ein anderer Sohn wurde Pfarrer, und Francisco selbst erhielt noch in späten Jahren Unterstützung. Nach einem Berichte, dessen Wahrheit sich allerdings nicht verbürgen läßt, wurden sogar wiederholt Teile des Hofes verkauft, um dem leichtfertigen Sohne aus der Not zu helfen und ihm den mehrjährigen Aufenthalt in Italien zu ermöglichen.

Luzan hatte einen Teil seiner Jugendjahre studienhalber in Neapel verbracht, das damals ja mit der Krone Spanien verbunden war, und war durch die dortigen Vorbilder beeinflußt worden. Durch emsiges Kopieren waren ihm gute Technik und korrekte Zeichnung zu eigen geworden, mit denen sich Gewandtheit, Fleiß und ausgesprochener Sinn für das Malerische und Dekorative verband. Seine Werke sind typisch für die Leistungen und den Geschmack der damaligen Zeit. Sie haben weder spanische Eigenart noch eine Spur der Innerlichkeit von Murillos Gemälden. Außer einer beträchtlichen Reihe von Genrebildern und Porträts, die etwas flaues und verblasenes, aber sonst angenehmes und harmonisches Kolorit zeigen, malte Luzan hauptsächlich Figurenfresken im Tiepolo-Stil, denen wir in den Kirchen und Klöstern Aragoniens und der angrenzenden Provinzen in Masse begegnen. Wie seine Tätigkeit, beschränkte sich sein Ruf auf den Umkreis der Vaterstadt, den er seit der Rückkehr aus Italien schwerlich jemals überschritten hat. Vielleicht wäre der harmlose Künstler heute längst vergessen, hätte nicht seine eigentliche Bedeutung in seiner Lehrtätigkeit gelegen, zu der er offenbar hervorragend befähigt war. Durch seine Werkstatt, die seit 1756 den Charakter einer Kunstschule angenommen hatte und die später unter Karl IV. zur Gründung der Akademie de San Luis führte, sind in dieser Zeit alle die zahlreichen Maler von Zaragoza gegangen, neben Goya namentlich Francisco Bayeu y Subias, mit dem Goya später in enge verwandtschaftliche Beziehungen trat. Die Zeitgenossen rühmen Luzans Geduld und Hingabe, seine Bescheidenheit, die im Lehren ein Lernen sah, seine Kunstbegeisterung, die jedes neue Talent mit Freuden begrüßte, und seine Uneigennützigkeit, die ihm nicht gestattete, für seinen Unterricht ein Entgelt zu nehmen. Es verdient vielleicht Beachtung, daß derselbe Graf Fuentes, der Goya die Wege gebahnt haben soll, Luzans Bestrebungen durch Einfluß und Geldmittel rege Förderung zuteil werden ließ. Der treffliche Lehrer starb in hohem Alter erst 1785, hat also die ersten Erfolge seines großen Schülers am Hofe Karls III. noch erlebt.

In welcher Weise Goya seine Lehrzeit bei Luzan verbracht hat, wissen wir nicht. Einen kleinen Einblick gewährt nur, daß sich Goya in späteren Jahren seinem Freunde Zapater gegenüber, den er in Zaragoza fürs Leben gewann, wiederholt beklagt, so viel unnütze Zeit mit dem Kopieren von Kupferstichen verzettelt zu haben. Um so mehr erfahren wir aus diesen Jahren von Ausschreitungen seines überschäumenden, exzentrischen Naturells, das der gutmütige Luzan mit allen Kräften, aber vergebens zu bändigen versuchte. Es war wohl ein Erbteil der aragonesischen Rasse. Denn das Ebroland hat, frühzeitig vom spanischen Reiche getrennt, in einer verwickelten, wechselvollen, von Blut und Kriegsnöten angefüllten Geschichte ebensowenig Weichlinge gezüchtet, wie die herbe Natur des Hochlandes von Kastilien. Seine wilde, leidenschaftliche Natur, seine Keckheit und das Bewußtsein ungewöhnlicher Körperkraft verwickelten Goya schon in der ersten Jugend in Händel aller Art. Ausgestattet mit Mut und Tatendrang, ein gewandter Lautenspieler, ein eifriger Sänger, war er bei allen Raufereien und Lustbarkeiten der Stadt als erster beteiligt. Die älteren Biographen, die zum Teil noch mündliche Überlieferungen benutzten, haben uns den Verlauf dieser stürmischen Jugend in den buntesten Farben geschildert. Sie berichten, daß die fortgesetzten Reibungen zwischen den jugend-

Abb. 5. Spaziergang in Andalusien. Teppichvorlage. 1777. Madrid, Pradomuseum.
Nach einer Originalphotographie von J. Laurent & Cie., Madrid. (Zu Seite 33.)

lichen Banden der Pfarreien von San Luis und Unsere Liebe Frau del Pilar, die schon manchen Kampf miteinander geliefert hatten, schließlich zu einem nächtlichen Zusammenstoß führten, der ein blutiges Ende nahm. Es gab drei Tote und viele Verwundete. Seit diesem Tage war der Name Goyas, der als Anführer seiner Rotte am schwersten kompromittiert war, im schwarzen Buche der Inquisition mit einem Kreuz bezeichnet. Francisco bekam Wind und entwich nach Madrid (1765). So verlief der erste Akt seines bewegten Lebens.

Der zweite spielt in Madrid. Hier schloß sich Goya zunächst an seinen Landsmann Bayeu an, der, schon seit Jahren in der Hauptstadt ansässig, um diese Zeit die

Abb. 6. Der blinde Straßensänger. Teppichvorlage. 1778. Madrid, Pradomuseum.
Nach einer Originalphotographie von J. Laurent & Cie., Madrid. (Zu Seite 33.)

Mitgliedschaft der Akademie von San Fernando erwarb. Es scheint indessen, daß Goya sich wenig um die Werkstatt gekümmert hat, sich vielmehr mit den allgemeinen Anregungen begnügte, die der höhere Gesichtskreis von Madrid ihm bot. Jedenfalls sind Arbeiten aus dieser Periode ebensowenig nachweisbar, wie aus der Lehrzeit von Zaragoza. Im übrigen führte er, wird erzählt, sein ungezügeltes, tatenfrohes Leben weiter, nur mit dem Unterschied, daß er nunmehr, zwanzigjährig geworden, ohne gerade Raufereien zu verachten, mehr Geschmack an der andern Art spanischer Nationalleidenschaften findet: an Abenteuern der Liebe. Aus dem wilden Burschen von Zaragoza ist ein Romanheld geworden, der seine Gabe in Gesang und Saitenspiel zu Serenaden verwendet, in Mantel und Kapuze gehüllt, die Gitarre in der Hand, mit tollen Gesellen, meist jungen Künstlern, nachts die Straßen durchschwärmt und von Fenster zu Fenster den Schönen seine Lieder singt, ohne Rücksicht, daß man für solche Keckheit hin und wieder den Degen zu ziehen

hat. Kurz, der Typus des Don Juan mit allem romantischen Zauber südlicher Nächte.
Aber die Romantik hätte für Goya beinahe ein böses Ende genommen. Die übermütigen
Streiche und Liebeleien verstrickten ihn in Ungelegenheiten. Nach vierjährigem Aufent=
halte wurde er eines Nachts in einem stillen Straßenwinkel blutend gefunden, mit einem

Abb. 7. Der Töpfermarkt. Teppichvorlage. 1778. Madrid, Pradomuseum.
Nach einer Originalphotographie von J. Laurent & Cie., Madrid. (Zu Seite 33.)

Dolchstich im Rücken. Freunde brachten ihn beiseite, seine kräftige Natur überwand die
Gefahr, aber die Polizei war aufmerksam geworden. So flüchtet Goya von neuem,
diesmal nach Italien.

Zwar fehlte es an Geld zur Reise. Aber ein solches Temperament ist nicht zu
verblüffen. Kurz entschlossen, so wird weiter erzählt, ließ er sich von einer Quadrilla

14

anwerben, um sich — echt spanisch und echt Goya! — als Stierfechter nach einem
Hafenplatz durchzuschlagen, von dem es über das Meer hinüberging. In einem Briefe
aus dieser Zeit an Zapater unterschreibt er sich „Francisco de los Toros" (der Stiere),
und damals wurde er wohl in die Geheimnisse dieser gefährlichen Kunst eingeweiht,
die bis in die letzten Greisenjahre sein lebhaftestes Interesse fand, und deren tiefe
Kenntnis er später in zahlreichen Bildern, namentlich aber in der berühmten Folge von
Radierungen, der Tauromaquia, verriet.

Von der Seereise erschöpft, krank, abgemagert, von Mitteln entblößt, kam er in
Rom an (1769). Der Zufall führte ihn zu einem guten, alten Weibe, das sich seiner
Jugend erbarmte, bis er wieder zu Kräften kam. Bald war er wieder der Alte. Im
Übermut, heißt es, erklettert er eines Tages die Kuppel von Sankt Peter, um dort oben
seinen Namen einzukritzeln, ein andermal das Grabmal der Cäcilia Metella, um auf
der schmalen Ausladung des berühmten Frieses, der den oberen Teil des Zylinders
schmückt, herumzuspazieren. Das sind Streiche, die ihm ähnlich sehen. Noch gefährlicher
war, daß sich Goya, während er seinen Landsleuten aus dem Wege ging, in das Gewühl
des römischen Volkes stürzte und den schönen Frauen von Trastevere bisweilen tiefer in
die dunklen Augen sah, als ihren Vätern, Gatten und Verehrern lieb war. Wunderliche
Geschichten werden erzählt, die sich indessen, da mündliche Überlieferung wohl das Ihre
hinzutat, auf ihre Glaubwürdigkeit nicht weiter prüfen lassen. Zu Goyas hitzigem,
streitsüchtigen, heißblütigen Charakter, seinen wilden Begierden, seiner Spottlust und
seiner Empfänglichkeit für weibliche Reize passen sie allerdings ausgezeichnet, wie ihn auch
der Ruf, den er in Spanien zurückgelassen hatte, durch seine ganze Jugend, ja, wenn
man will, abgeschwächt durch sein ganzes ferneres Leben begleitet. Noch in späten Jahren
konnte man ihn leidenschaftlich im Gewimmel der Volksvergnügungen oder ausgelassen
im Kreise lustiger Gesellen finden, und in Abenteuer und Händel war er noch verwickelt,
als das Alter schon sein Haar zu bleichen begann und körperliches Leiden ihn mit
Verbitterung erfüllte. Diese Eigenschaften gehörten zu seinem Wesen, er ist sie nie los-
geworden.

Ein Goya mußte sein, wie er war, oder er war nicht. Ohne diese ungestüme
Kraftnatur mit ihren Fehlern, ihren Ausschreitungen, ihrem Abenteuerhang hätten wir
das Dämonische nicht, das in seiner Kunst bis auf seine und unsere Zeit einzig
dasteht. Hätte er sich an eine ernste Lebensweise gebunden und seine Studien nach dem
akademischen Geschmack des Tages gerichtet, wäre vielleicht kein anderer aus ihm geworden
wie die Dutzende seiner malenden Zeitgenossen, deren Namen längst verschollen sind.
Zudem ist eins zu beachten. Goya hat immer die Augen offen behalten und die ver-
bummelte Jugendzeit durch rastlosen Fleiß des reifen Alters, bis an die Schwelle des
Grabes, reichlich wieder ausgeglichen.

Kein Teil von Goyas Leben ist wohl üppiger von Legenden umwuchert, wie die
Jahre von Rom. Man gewinnt diesen Eindruck, wenn man bemerkt, wie wenig selbst
die positiven Angaben der Berichte kritischer Prüfung standhalten: der angebliche Verkehr
mit Bayeu, der längst wieder in Madrid war, die angebliche Freundschaft mit Louis
David, dem wandelbaren Maler der Revolution, des Kaiserreiches und des Königtums,
der erst 1775 nach Rom kam, das angebliche Porträt Papst Benedikts XIV., das im
Vatikan hängen soll, aber nirgends zu finden ist, und endlich die angebliche Hilfe zweier
Landsleute und Studiengenossen, von denen der eine um diese Zeit noch auf der iberischen
Halbinsel in Windeln lag, während der andere gar erst später zur Welt kam, als Goya
längst aus Italien fort war.

Daß Goya, wie es heißt, anstatt zu malen, viel in die Galerien ging, dort fleißig
die alten Meister studierte, etwa so, wie es ein andrer Feind akademischer Vorbildung,
Courbet, Anfang der vierziger Jahre in Paris tat, ist wenig glaubhaft. In Goyas
Werken ist nicht die leiseste Spur solcher Beschäftigung zu finden. Der einzige Italiener,
der auf Goyas Entwicklung Einfluß geübt hat, ist Tiepolo, mit dessen Malweise er aber
nicht in der Ewigen Stadt, sondern in Madrid selbst bekannt wurde, wo ja der große
Freskenmaler seinen Lebensabend verbrachte und seine letzten Riesenwerke schuf. Eine

Abb. 8. Promenade. Die Obsthändlerin. Teppichvorlagen. 1778. Madrid, Pradomuseum.
Nach einer Originalphotographie von J. Laurent & Cie., Madrid. (Zu Seite 33.)

staatliche Unterstützung, wie sie strebsame Schüler der Madrider Akademie erhielten, bezog
Goya während seines Aufenthaltes in Italien nicht. Die Art seines Fortgangs aus
Spanien war nicht geeignet, ihm solche Auszeichnung zu verschaffen. So war er aller
Fesseln ledig, denen jene unterlagen, und konnte seinen Freiheitsdrang und seine Abneigung
gegen jedweden Schulzwang — hervorstechende Eigenschaften seines Charakters, die er

nie verleugnet hat — um so mehr betätigen, als die Fürsorge der Eltern und das Wohlwollen von Landsleuten die fehlende Staatsunterstützung ersetzten.

Es ist sicher nur ein Ergebnis so hingebrachter Lehrjahre, daß er, sobald er in Rom überhaupt etwas tat, Vorgänge des Volkslebens zur Darstellung brachte, die sein scharf beobachtender und schnell erfassender Blick behalten und die seine verwegene Jugend meist wohl selbst mit durchlebt hatte. Das Straßentreiben Roms mit seinen damaligen unendlich malerischen Reizen, die uns bald darauf Goethe geschildert hat, das Toben der beim Wein schreienden und auf den Gassen durcheinanderwogenden Menge, Tänze, Volksfeste, Liebesstündchen, das war es, was damals seinen Pinsel in erster Linie reizte. Dergleichen Darstellungen waren freilich in dieser Zeit des Klassizismus etwas Ungewohntes, und es ist gern zu glauben, daß sie bei den ernsten Genossen nur Verwunderung erregten. Mehr Verständnis bewies der russische Gesandte am Heiligen Stuhl, der allen Ernstes den Versuch gemacht haben soll, Goya mit den verlockendsten Anerbietungen für Sankt Petersburg zu gewinnen. Goya am Strande der Newa! Mit seinem gesunden Menschen= verstande war der Künstler weiser als manche philosophische Berühmtheit, die sich bereit= willig an den kulturbedürftigen Hof verpflanzen ließ, er lehnte rundweg ab. Lieber mit leerem Beutel in Rom weiter malen, singen und lieben, als mit gefüllter Börse im hohen Norden, selbst wenn eine Katharina dort das Zepter führt!

Aus dem Jahre 1771 haben wir die erste urkundliche Nachricht über Goyas Tätigkeit. Sie betrifft seine Beteiligung an einem Preisausschreiben der Akademie von Parma über das Thema „Der siegreiche Hannibal blickt von der Höhe der Alpen zum ersten Male auf die Gefilde Italiens". Die Arbeit fand Beifall, sie erhielt neben einer warmen Anerkennung, die die Sicherheit der Pinselführung, die Wärme des Ausdrucks und den großen Zug in der Behandlung hervorhebt, den zweiten Preis. Es war wohl das einzige Mal, daß sich Goya einer solchen Aufgabe zuwandte. Leider ist das Bild heute ebensowenig nachweisbar, wie die anderen Erzeugnisse aus Goyas römischer Zeit.

Wenn man den Erzählungen, die später in den Künstlerkreisen Madrids umliefen, Glauben zu schenken hat, war auch Goyas Weggang von Rom kein freiwilliger. Schon häufig hatten seine Tollheiten auch hier zu Konflikten mit der Polizei geführt, bis ein besonderes Ereignis dem Faß den Boden ausschlug. Um eine Nonne zu entführen, die es ihm angetan, war er nachts in ein Kloster eingestiegen, wobei er erwischt und ergriffen wurde. Nur der Fürsprache des spanischen Gesandten hatte es Goya zu danken, daß ihm die Freiheit zurückgegeben wurde unter der Bedingung, Rom schleunigst zu verlassen.

*   *   *

Im Herbst 1771 finden wir Goya wieder in Zaragoza. Dort war inzwischen der schon 1681 begonnene Erweiterungsbau der Señora del Pilar soweit vorwärts= gediehen, daß das Domkapitel nunmehr an die malerische Ausschmückung der Gewölbe denken konnte. Zunächst war geplant, die Bemalung einer Kapelle des östlichen Seiten= schiffes in Angriff zu nehmen. Goya scheint gerade im rechten Augenblick gekommen zu sein, als über die Vergebung der Arbeit beraten wurde, das weitere mögen Luzan und Zapater besorgt haben, die beide in der Stadt Achtung und Einfluß genossen. Nachdem Goya seine Kenntnis der Freskentechnik nachgewiesen und am 21. Oktober große Ent= würfe vorgelegt hatte, wurde dem Fünfundzwanzigjährigen nach längeren Verhandlungen, wie die Archivakten bekunden, zu Beginn des folgenden Jahres der endgültige Auftrag erteilt, der ihm neben dem ehrenvollen Erfolge 15000 Realen eintrug. Noch vor dem Sommer war die Ausführung vollendet. Sie verrät in der Schärfe der Zeichnung, namentlich in den Verkürzungen der Gott=Vater in Scharen umschwebenden Engelgestalten den Einfluß Tiepolos so deutlich, daß Goya während seiner Madrider Zeit doch der Kunst in höherem Grade gedient haben muß, als die alten Berichte vermuten ließen.

In die Jahre 1772 bis 1774 fallen weitere Fresken, die Goya in der Kirche der zwei kleine Stunden von Zaragoza entfernten Kartause Aula Dei ausführte. Es sind Darstellungen aus dem Leben der Maria und des Jesuskindes. Ich habe diesen Zyklus

Abb. 9. Zollwächter. Teppichvorlage. 1779. Madrid, Pradomuseum.
Nach einer Originalphotographie von J. Laurent & Cie., Madrid. (Zu Seite 33.)

weder gesehen noch Reproduktionen zur Hand, die den Mangel persönlicher Anschauung ersetzen könnten, und bin daher auf die Mitteilungen v. Logas angewiesen, der das große Verdienst hat, auf Grund von Nachrichten des Kartäusermönches Tomás Lopez, diesen bisher in Dunkel begrabenen Zeitabschnitt aufgeklärt und die verschollene Arbeit wieder entdeckt zu haben. v. Loga erzählt von den widrigen Schicksalen des Klosters, die den Zustand von Goyas Fresken arg in Mitleidenschaft zogen. Die Anlage, in prächtiger Landschaft am Ebro, erlitt unter den Greueln des Unabhängigkeitskampfes (1808 ff.) schweren Schaden und geriet dann, nach Säkularisierung in Privatbesitz übergegangen, fast ganz in Verfall. Der ausgebrannte Dachstuhl gab die Malereien über ein halbes Jahrhundert den Unbilden der Witterung preis, so daß nur noch Reste vorhanden sind. Neuerdings haben jedoch aus Frankreich vertriebene Mönche von der Ruine Besitz ergriffen, die sich den Wiederaufbau des Zerstörten und die Pflege des Erhaltenen angelegen sein lassen. Eine weitere Abbröckelung ist daher nicht zu befürchten. Was von den Fresken noch übrig ist — etwa die Hälfte — genügt immerhin, um ein Urteil über den künstlerischen Wert zu gestatten. „Niemals," äußert sich v. Loga, „erscheint Goya unabhängiger von den Wünschen der Besteller, und so offenbart sich hier weit mehr als in den sich anschließenden Arbeiten seine ungewöhnliche Begabung; die genrehaften Zuschauer bei der Heimsuchung und der Anbetung der Hirten kennzeichnen ihn als einen feinen Beobachter, in dem Engel, der mit rauschenden Schwingen Joachim von dem Altar zurückschreckt, liegt monumentale Größe." In Zeichnung und Farbengebung ist wieder der Schüler Tiepolos erkennbar, während gleichzeitig Erfindung und Anlage, ganz wie in der Kapelle von Zaragoza, beweisen, wie eifrig Goya von Jugend auf bemüht war, sich von den Einflüssen seiner Vorbilder und Lehrmeister frei zu halten. Der Dauer der Arbeit entspricht der Umfang. Es ist der größte Freskenzyklus religiöser Bilder, den Goya je gemalt hat. Wahrscheinlich hat er, wie Lopez' Aufzeichnungen vermuten lassen, zur Ausführung volle zwei Jahre gebraucht, die vielleicht nur hin und wieder durch Besuche in dem nahen Fuentetodos und in Zaragoza unterbrochen waren. Man wird kaum fehlgehen, wenn man annimmt, daß dieser jahrelange Aufenthalt in dem stillen, weltentlegenen Kloster auf Goyas Leben und Entwicklung den günstigsten Einfluß geübt hat. In der Aula Dei knüpften sich nicht bloß die intimen Beziehungen zu Fray Felix Salcedo, seinem väterlichen Freunde, der dort als Kanonikus fungierte, sondern in der ländlichen Abgeschiedenheit des Klosterlebens gewann Goya auch das, was ihm während der letzten Jahre im Strudel der Vergnügungen gefehlt hatte: Ernst und Arbeitsfreude.

Daß eine Wendung in Goya vorgegangen war, und daß er den Willen hatte, aus der Unstetheit und Wildheit des bisherigen Lebens herauszukommen, bezeugt seine Verehelichung, die noch 1774 oder in den ersten Monaten des folgenden Jahres stattgefunden haben muß. Am 1. März 1775 begegnet uns Goya in Madrid, bereits verheiratet. Die Erkorene war Josefa Bayeu, die Schwester seines Studiengenossen Francisco. Auch zwei andere Brüder waren Künstler, der eine, Ramon, arbeitete neben Francisco in der Hauptstadt, der andere, von Beruf Geistlicher, betrieb die Malerei als Steckenpferd. Alle drei hatten bei Luzan gelernt, Zaragoza war die Heimat der Familie. Wahrscheinlich kannte sie Goya schon von der Lehrzeit her.

Josefa Bayeu war eine schlanke, etwas herbe Schönheit mit echt spanischen Gesichtszügen, denen das herrliche goldrote Haar einen eigenen Reiz gab. Aus späteren Jahren ist uns ein Bild dieser Frau erhalten, das der Gatte gemalt hat (Abb. 1). Es hängt heute im Prado. Man kann ihre Züge nur mit Teilnahme betrachten. Aus den großen, ernsten, umflorten Augen, dem leise zusammengekniffenen Mund und den schmalen, beinahe abgezehrten Wangen spricht etwas wie Gram und Verbitterung. Unwillkürlich denkt man bei diesem Bilde an ältere Berichte, die noch aus der Überlieferung hauptstädtischen Klatsches schöpften, wonach Zwistigkeiten in diesem Eheleben nichts Seltenes waren. Wenn man die fortgesetzte Untreue des Gatten bedenkt, die rücksichtslose Art, wie er seine Abenteuer trieb, seine häufige Abwesenheit vom Hause, gerade in seinen besten Jahren, die ewige Unruhe seiner unsteten Natur, so ist ein Zweifel an der Wahrheit

Abb. 10. Das Pelotaspiel. Teppichvorlage. 1779. Madrid, Pradomuseum.
Nach einer Originalphotographie von J. Laurent & Cie., Madrid. (Zu Seite 33.)

jener Berichte kaum möglich. Welche ordentliche Frau hätte das mit Ruhe getragen, hätte unter den vielfachen Kränkungen nicht schwer gelitten! Das gespannte Verhältnis, das schon wenige Jahre nach der Heirat zwischen Goya und seinem Schwager Francisco eintrat, gibt in dieser Hinsicht einen deutlichen, nicht mißzuverstehenden Fingerzeig. Der anhaltende Groll, der, wie wir sehen werden, Bayeu über ein Jahrzehnt gegen Goya beseelte und bei den verschiedensten Anlässen zum Ausbruch kam, hatte ohne Zweifel seinen Grund nicht in künstlerischen Meinungsverschiedenheiten, sondern in dem zerrütteten Eheleben der Schwester. Auch andere Dinge mögen an der unglücklichen Frau gezehrt haben: von 20 Kindern, die sie dem Gatten schenkte, blieb nur eins am Leben! Wer will ermessen, welche Summe von Tragik für sie mit dieser Tatsache verbunden war? Freilich war auch Josefa wohl nicht frei von Schuld. Für Goyas Kunst soll sie wenig Verständnis gehabt haben, ihre Neigungen lagen in der akademischen Richtung der Brüder, woraus sie kein Hehl zu machen pflegte. Auch ein Grad von Starrsinn wird ihr nach= gesagt, der dem harten Kopf des Gatten nichts nachgab. Man mag das glauben. Die aufrechte, vornehme Haltung ihrer Gestalt, der feste Blick der Augen und gewisse Züge des Gesichts sprechen dafür, daß sie Energie besaß, und daß ihr Heftigkeit nicht fremd war. Häufig wurde sie von Krankheiten geplagt, wie sie schon der Kinderreichtum mit sich brachte, wo sich dann die Gatten vorübergehend wiederfanden. In den Briefen an Zapater stößt man bei solchen Gelegenheiten auf schlichte Worte der Teilnahme, die von Zerwürfnissen nichts verraten.

*　　*　　*

Das Kunstleben, das Goya in Madrid vorfand, war nicht gerade geeignet, einen selbständigen, realistisch veranlagten Geist von jugendlichem Feuer, der sich bisher seine Darstellungen mit Vorliebe aus der Natur derben Volkslebens geholt hatte, mit sonder= lichem Vertrauen in seine Zukunft zu erfüllen. Es ist geboten, die damalige Kunstübung und die Kunstanschauung, aus der sie hervorging, eingehend zu betrachten, weil ohne deren Kenntnis Goyas volle Bedeutung nicht entfernt gewürdigt werden kann.

Die große Leistung der Meister der Velasquez=Epoche, jene Ursprünglichkeit und Wahrheit, jene stilistische Selbständigkeit mit nationaler Prägung, hatte schon seit dem Ende des siebzehnten Jahrhunderts kein Talent mehr gefunden, das diesen glorreichen Bahnen folgte. Nur wenige Maler von bescheidenem Können hatten noch im Banne Murillos gearbeitet, um die Mitte des achtzehnten Jahrhunderts war von ihnen keiner mehr am Leben. Die Akademien, die die Bourbonen gründeten, hatten den Niedergang eher beschleunigt als eine neue Kunstblüte geweckt. Die spanische Malerei war in einen Zustand des Verfalls geraten, der es begreiflich macht, daß die Könige, von dem Wunsche geleitet, in der Ausstattung ihrer Schlösser es den andern Fürstenhöfen gleichzutun, sich entschlossen, fremde Künstler an ihren Hof zu rufen. Der erste Bourbone, Philipp V., der 1700 nach dem Tode des letzten Habsburgers den spanischen Thron bestieg, hatte den Neapolitaner Luca Giordano und den holländisch=französischen Mischling Van Loo herbeigezogen, Ferdinand VI. hatte dann den Venezianer Jacopo Amigoni und Corrado Giaquinto berufen, und Karl III. gelang es, die berühmtesten Maler der Zeit, Tiepolo und Raphael Mengs, für Madrid zu gewinnen.

Man darf die Förderung, die die Bourbonen den Künsten zuteil werden ließen, nicht zu hoch veranschlagen. Ihren Bestrebungen in dieser Richtung lag sicher weniger die wirkliche Schätzung der Kunst als die eigennützige Absicht zugrunde, durch ihre Pflege den eigenen Glanz zu erhöhen. Unverhüllt zeigt sich diese Tendenz gerade in der Heranziehung fremder Kräfte, selbst bei dem im ganzen wohlmeinenden und um das Gedeihen des Landes redlich besorgten Karl III. Ohne Verständnis für nationale Eigenart und ohne wahrhafte Empfindung, Kinder ihrer kosmopolitischen Zeit, angesteckt von dem fürstlichen Luxus, den die Hofhaltung Ludwigs XIV. in Mode gebracht hatte, suchten auch die spanischen Bourbonen ihren Ehrgeiz in der Prachtentfaltung ihrer Residenzen, ohne spanische Art und spanische Hand höher zu bewerten als die internationale Deko= rationskunst, die sich unter tonangebenden Einflüssen Italiens seit dem Ende des sieb=

Abb. 11. Wäscherinnen am Manzanares. Teppichvorlage. 1779. Madrid, Pradomuseum.
Nach einer Originalphotographie von J. Laurent & Cie., Madrid. (Zu Seite 33.)

Abb. 12. Einholen des Stieres in die Arena. Teppichvorlage. 1779. Madrid, Pradomuseum. Nach einer Originalphotographie von J. Laurent & Cie., Madrid. (Zu Seite 33.)

zehnten Jahrhunderts ent=wickelt hatte. Es scheint beinahe, daß der Brand, der 1734 die Wohnstätte Karls V. und mit ihr un=ersetzliche Kunstschätze ver=nichtet hatte, ein willkom=mener Anlaß war, einen neuen Königsbau aufzu=führen von ganz anderem Umfang, als er dem habs=burgischen Kaiser gedient hatte, und von einer Aus=stattung, die wetteifern sollte mit dem glänzendsten Pompe der Welt. Dazu kamen die Hofkirchen und die könig=lichen Lustschlösser, voran Aranjuez, die gleichfalls einer Modernisierung ihrer Innenräume dringend be=durften. Zur Bemalung all dieser Plafonds, all dieser Wände war Gelegenheit ge=boten, ein ganzes Heer von Künstlern zu beschäftigen. Die Huld des Monarchen fand, wer, Spanier oder Nichtspanier, den dekorativen Geschmack der Zeit am schönsten und lärmendsten zu treffen versprach.

Denn die Kunst des acht=zehnten Jahrhunderts war eine ausgesprochen höfische Kunst, in allen ihren Zwei=gen. Überall erschöpfte sie sich in monumentalen Auf=gaben, die der Luxus der Höfe zeitigte, und in Por=träts, die der Eitelkeit dien=ten. Auf die Grenzen der Völker nahm sie keine Rück=sicht. Wir finden Pesne in Berlin, Silvestre in Sachsen, Tiepolo malt in Italien, Würzburg und Spanien, Mengs in Dresden, Rom und Madrid.

So hat auch die Kunst Spaniens, von einigen schwächeren Malern abgesehen, die sich in der Provinz mit Altarbildern und Kirchenfresken befassen, in diesen Jahrzehnten einen höfischen Charakter. Die Könige, die die kunstfördernde Tradition der Habsburger auf ihre Art fortsetzen, gründen Akademien, um sie — nicht zu Pflegestätten der großen und wahren, der universellen Kunst, sondern — zu Schulen zu machen, wo die Kunst in Übereinstimmung mit der herrschenden Strömung den Luxusbedürfnissen dienen soll. Für den Kunstsinn dieser Könige ist bezeichnend, daß keiner von ihnen je daran gedacht hat, den von den Habsburgern aufgestapelten Kunstschätzen ein würdiges und förderndes

Unterkommen zu geben, wie es der kunstliebende und kunstverständige August III. in Dresden tat. Unbekannt und unzugänglich, von den Besitzern kaum geachtet, waren die Meisterwerke, die heute das Pradomuseum birgt, über die königlichen Schlösser und Kapellen zerstreut, im Escorial, in dem weit entfernten Aranjuez und in der Casa del Campo führten die herrlichen Tizians, der Stolz des Prado, die Velasquez mit der „Schmiede des Vulkan" und den „Edelfräulein", Raffaels „Bibbiena", die „Perle", die „Heimsuchung" und die „Madonna mit dem Fisch" ein verborgenes Dasein, kein Maler bekam sie zu sehen, nur die Hofleute. Noch bezeichnender ist vielleicht, daß die Bourbonen im Gegensatz zu dem Sammeleifer, wie er damals an vielen Fürstenhöfen betrieben wurde, die alten Kostbarkeiten ihrer Paläste nicht durch neue Ankäufe vermehrt haben. Selbst die gepriesenen Erzeugnisse der Zeit, die Bilder der französischen Modemaler Watteau und Lebrun, die dem Genußleben dieser Herrscher so nahe standen, fanden keine Gnade vor ihren Augen. Ihre Bilderliebhaberei beschränkte sich auf Porträts ihrer eigenen Personen.

Die Wahl freilich, die Karl III. bei der Berufung fremder Künstler getroffen hatte, war auf keine schlechten gefallen. Tiepolo (1696 bis 1770), der bedeutendste Figurenmaler der Zeit und eine der geistvollsten und eigenartigsten Erscheinungen der italienischen Kunst, hatte in dreijähriger, emsiger Arbeit im erzbischöflichen Schlosse zu Würzburg die glänzendste Leistung dekorativer Malerei geschaffen, die je auf deutschem Boden entstanden ist, und dann in seiner Vaterstadt Venedig und deren Umgebung Kirchen und Paläste mit seinen berauschenden Formen- und Farbenakkorden erfüllt. In Phantasie und Arbeitskraft, Geschmack und Schönheitssinn, Anordnung und Harmonie, Formengefühl und Reichtum der Palette war er allen Zeitgenossen überlegen. Bei solchen Gaben sind aus seiner Hand Meisterwerke hervorgegangen, die, wenn auch im Geiste des achtzehnten Jahrhunderts gehalten, die Erinnerung an die Blütezeit der Venezianer wachrufen und nicht selten an seine großen Vorbilder, Paolo Veronese und Tintoretto, nahe heranreichen.

Wer aber war Raphael Mengs? Man kann die Frage aufwerfen, da dieser Künstler, der einst mit Ehren überhäuft und dessen Büste im Pantheon zu Rom neben der des Raffael aufgestellt wurde, heute beinahe verschollen ist, zum mindesten aber in seiner künstlerischen und kunstgeschichtlichen Bedeutung unterschätzt wird. Über den mächtigen Altar- und Deckengemälden hat man die Bildnisse der Jugend vergessen, die nicht bloß seltene Begabung, sondern auch für seine Zeit ungewöhnliche Kraft bezeugen. Als unvergängliches Verdienst des Mengs muß betrachtet werden, daß er mit Energie und Erfolg sowohl gegen das manierierte Virtuosentum, das sich damals breit machte und das keiner in höherem Schwunge betrieb als sein guter Landsmann Dietrich, wie

Abb. 13. Der Sommer. Teppichvorlage. 1786. Madrid, Pradomuseum.
Nach einer Originalphotographie von J. Laurent & Cie., Madrid. (Zu Seite 33.)

gegen die lüsterne Frivolität der französischen Maler auftrat. Mengs hat nie etwas gemalt, selbst in seinen vielen mythologischen Bildern nicht, was unsere sittlichen Empfindungen verletzen könnte. Einem Maler des verderbten achtzehnten Jahrhunderts kann das nicht hoch genug angerechnet werden. An Talent und Einsicht war ihm außer Tiepolo vielleicht keiner aus der Zeit gewachsen. Ohne Zweifel wäre mit seinem Namen ein Wiederaufschwung der Kunst verknüpft, wenn er zum Ehrgeiz und zu der Erkenntnis der Schwächen und Irrtümer, in denen die Zeitgenossen befangen waren, den Reichtum der Phantasie und die Frische der Begeisterung besessen hätte, ohne die sich ein so hohes Ziel, wie er sich's gesteckt, schlechterdings nicht erreichen läßt. Ihm fehlte die Fähigkeit, die Ideen, die er am Abend seines Lebens theoretisch so wunderschön zu vertreten verstand, in die Wirklichkeit umzusetzen: es ist eine alte Erfahrung, daß so geartete, begabte Künstler gern sich auf das publizistische Feld begeben, wenn das Können sie im Stich läßt. Das Land der großen, echten Kunst hat Mengs gesehen, aber seiner Sehnsucht war das Glück versagt, ihre Grenzen zu erreichen; er war gezwungen, auf halbem Wege stehen zu bleiben.

Anton Raphael Mengs hat eine interessante Laufbahn gehabt. Sein Leben erinnert an die Zeiten der italienischen Renaissance, deren Meister an der Wiege des Künstlers standen. Noch ehe Mengs zur Welt kam, hatte nämlich der Vater, ein sächsischer Hofmaler, der die Verkommenheit der herrschenden Zeitkunst erkannte, aber selbst zu alt war, diese Überzeugung mit der eigenen Tätigkeit in Einklang zu

Abb. 14. Der Herbst. Teppichvorlage. 1786. Madrid, Pradomuseum. (Zu Seite 33.)

bringen, den Entschluß gefaßt, in einem Sohne den künftigen Regenerator der Kunst im Sinne der Cinquecentisten zu erziehen und ihm in der Taufe die Vornamen Correggios und Santis zu geben, als der größten Meister, die nach seiner Anschauung je gelebt hatten. Ein merkwürdiger Vorsatz, der dann, wie man bei Ludwig Richter nachlesen kann, an dem sympathischen Jüngling mit unerbittlicher Strenge, ja mit tyrannischer Härte durchgeführt wurde. Als Mengs, genügend vorgebildet, noch ein Kind, mit nach Italien genommen wurde, studierte er unter steter Aufsicht des Vaters drei Jahre lang vom frühen Morgen bis in die Dunkelheit die Schönheiten antiker Bildwerke und Michelangelos und Raffaels Fresken, während er die Abende benutzte, sich bei einem Maler bolognesischer Richtung in der Öltechnik zu vervollkommnen. Bei einem zweiten Aufenthalte in Italien galt seine Liebe mit demselben Eifer Correggio und den Venezianern.

Kein Wunder, wenn die Formen sich so fest in sein Gedächtnis prägten, daß sie in späteren Zeiten als Reminiszenzen zutage traten und seine Kunstanschauung schließlich in dem Satze gipfelte, der Künstler solle von den Alten die Schönheit, von Raffael den Ausdruck, von Correggio die Anmut und Harmonie, von Tizian die Wahrheit und den Farbenzauber nehmen und solle mit der Vollkenntnis dieser größten Meister die Natur auf Anklänge an sie durchforschen, damit er im Leben das Schöne finde und das höchste Ziel, den guten Geschmack, erreiche.

So ist Raphael Mengs der bedeutendste Vertreter des Klassizismus, der seit der Mitte des achtzehnten Jahrhunderts, das Streben Carraccis und der Bolognesen wieder

Abb. 15. Der Winter. Teppichvorlage. 1786. Madrid, Pradomuseum.
Nach einer Originalphotographie von J. Laurent & Cie., Madrid. (Zu Seite 33.)

aufnehmend, die Vorzüge der Antike und der italienischen Renaissance eklektisch zusammenfassen wollte. Als solcher hat er größeren Ruhm erlangt als die anspruchslosen Realisten unter seinen deutschen Zeitgenossen. Er war, selbst die großen englischen Porträtisten eingeschlossen, der gefeiertste Maler des Jahrhunderts. Goethe pries ihn, Winckelmann, mit dem er eng befreundet war, und der geistreiche spanische Staatsmann Azara verglichen ihn mit Raffael und waren sogar geneigt, ihn noch höher zu stellen. Die Fürsten Europas bis zu Katharina II. überschütteten ihn mit Gunstbezeugungen aller Art, die Bewunderung der Welt überschritt alles Maß.

Seit Jahren in Rom ansässig, wo er seine größten Freskenwerke ausführte, war Mengs 1761 nach Neapel gegangen, um die eben von der Lava befreiten Schätze von

Herculanum und Pompeji zu bewundern. Gleichzeitig gedachte er, der Königin, einer
kursächsischen Prinzessin, die ihn von der Heimat her schätzte, ein Bild zu überbringen,
das sie bei ihm für Caserta bestellt hatte. Die Majestäten, die eben im Begriff waren,
sich nach Spanien einzuschiffen, um nach Ferdinands VI. Tod dort den Thron zu be-
steigen, nahmen ihn huldvollst auf, und bald darauf erfolgte seine Berufung nach Madrid,
die mit den glänzendsten Anerbietungen verbunden war. Neben der Ernennung zum
ersten Kammermaler mit dem Titel Exzellenz erhielt er ein Jahresgehalt von 25 000 Mark,

Abb. 16. Die Witwe am Brunnen. Der Jäger. Teppichvorlagen. 1787.
Madrid, Pradomuseum.
Nach einer Originalphotographie von J. Laurent & Cie., Madrid. (Zu Seite 33.)

freie Wohnung und Equi-
page zugesichert. Ein eigens
gesandtes Kriegsschiff erwartete ihn, als er nach
Erledigung restlicher Arbeiten
in der Villa Albani zu Rom
im Herbst des Jahres zur
Übersiedelung nach Spanien
aufbrach. Seine Gönnerin,
die Königin, war inzwischen
verstorben, aber der Empfang
in Madrid entsprach der
hohen Meinung, die der
Monarch von seiner Kunst
gewonnen hatte, und die sich
mit den Jahren zu einer
Auszeichnung steigerte, wie
sie Velasquez von Philipp IV.
erfuhr. Des Künstlers Aufenthalt am spanischen Hofe
dauerte bis zum Jahre 1777.
Madrids rauhes Klima,
fieberhafte Tätigkeit, das
ewige Freskenmalen durch
alle Jahreszeiten hindurch,
endlich Mißmut über In-
trigen Madrider Künstler-
kreise hatten indes seine Gesundheit 1768 derart unter-
graben, daß ein längerer
Urlaub notwendig wurde.
Die Sehnsucht trieb ihn nach
Rom, wo er so lange ver-
blieb, bis König Karl 1774
ihn dringend zur Rückkehr
ermahnen ließ. Die zehn
Jahre Madrid waren viel-
leicht die angestrengtesten
dieses von Arbeit erfüllten Lebens. In seiner Hand lag die Leitung aller künstlerischen
Unternehmungen. Der König überschüttete ihn förmlich mit Aufträgen, die der Künstler
geduldig mit der gewohnten Gewissenhaftigkeit bis zur äußersten Erschöpfung befriedigte.
Im Wetteifer mit Tiepolo wurden die weiten Räume der königlichen Residenzen zu
Madrid und Aranjuez mit Wand- und Deckengemälden geschmückt, und nicht minder
zahlreich waren die Ölbilder. Außer der seinerzeit viel bewunderten „Anbetung der
Hirten", der „Magdalena" und einer Reihe von Darstellungen aus der Geschichte bewahrt das Pradomuseum nicht weniger als sechzehn lebensgroße Bildnisse des Königshauses. Daneben war Mengs noch mit anderen Arbeiten beschäftigt. In Madrid

Abb. 17. Hochzeitszug auf dem Dorfe. Teppichvorlage. 1787. Madrid, Pradomuseum.
Nach einer Originalphotographie von J. Laurent & Cie., Madrid. (Zu Seite 33.)

vollendete er für den Hochaltar der Dresdner Hofkirche das große Bild der Himmel-
fahrt Christi, das ihn schon seit Jahren in Rom gequält hatte. Und nicht genug
damit, vertauschte er abends noch den Pinsel mit der Feder, um die Nächte hindurch
in tief empfundenen Werken seine Lieblingsmeister aus dem Cinquecento zu schildern
und seine ästhetischen Anschauungen und maltechnischen Erfahrungen darzulegen.

Mengs' Einfluß auf die einheimischen Kunstgenossen übertraf noch den, welchen
einige Jahrzehnte vorher Luca Giordano geübt hatte, und war um so beträchtlicher,
als die Gnadensonne des Hofes den Meister ungetrübt umstrahlte und vor dem greisen
Venezianer bevorzugte, der still und neidlos im Schlosse seine Farbenwunder schuf, ohne
auf den Gefeierten und seine Schar zu achten. Namentlich die jüngere Generation
bekannte sich zu Mengs, voran Francisco Bayeu, der wohl als der bedeutendste Anhänger der klassizistischen Richtung auf spanischem Boden zu betrachten ist. Aber auch
ältere Maler, wie Antonio Gonzales und Salvador Maella, der spätere Akademie-
direktor von San Fernando, gerieten in dieses Fahrwasser und malten ihre kompila-
torischen, akademisch angehauchten Werke im Sinne des Meisters, nur flacher, geist-
und farbloser, verständnismäßig und nüchtern. Indessen fehlte es Mengs auch nicht
an Gegnern, die sich selbst im Kreise seiner Akademie fanden. Nur würde man irren,
wollte man in ihnen Individualitäten vermuten, die mit Begeisterung der Zeiten des
Velasquez und Murillo gedachten und die durch den Klassizismus gesteigerte Entartung
der spanischen Kunst mit vaterländischem Stolze beklagten. Mengs hatte es mit anders-
gesinnten Elementen zu tun: mit eifersüchtigen Neidern, denen seine glänzende Stellung
ein Dorn war, mit nationalen Heißspornen, die mit Spott und Hohn über den „Raphael
aus Sachsen" herfielen, in ihm den Ausländer bekämpften, mit faulen Köpfen, die seine
Forderung anatomischer Studien nicht begriffen. Ihre gehässigen, von der Presse unter-
stützten Hetzereien hatten schließlich zum Kummer des Meisters den Erfolg, daß die
Akademiereform, die er in einer Denkschrift vertreten und die schon die Billigung des
Königs gefunden hatte, zum Scheitern kam.

Mit dieser Atmosphäre hatte Goya verzweifelt wenig gemein. Nach seinem Vor-
leben und der Art, wie er seine Studien betrieben hatte, begreift sich leicht, daß ihn
weder die fremden Schönheitsformen der herrschenden Richtung noch andere Strömungen
der Madrider Künstlerschaft fesseln und erwärmen konnten. Den Einzigen, dem er sich
geistig, selbst koloristisch und technisch verwandt fühlen mochte, hatte er bei der Rückkehr nicht mehr am Leben getroffen: Tiepolo war 1770, während Goya sich in Rom
befand, gestorben. Was sollte der nahezu dreißigjährige Künstler, der sich seinen eigenen
Herd gegründet hatte, tun, um die Not des Augenblicks zu überwinden? Mittellos,
wie er war, dazu der Schwager zweier Klassizisten und von deren Fürsprache empfohlen,
entschloß er sich, dem allmächtigen Meister seine Dienste zur Verfügung zu stellen. Eine
Heilige Familie (jetzt im Prado), die Goya um diese Zeit gemalt hat, scheint den
Zweck gehabt zu haben, die Aufnahme zu erleichtern. Es ist ein unerquickliches
Bild, mit glattem Farbenauftrag, wie er bei Goya kaum wiederkehrt, mit scharfer
Beleuchtung der Maria und des Kindes, die offenbar Mengs' „Anbetung der Hirten"
abgeguckt war.

Mengs war vorurteilsfrei genug, Goyas Anerbieten anzunehmen, und gab ihm
den Auftrag, für die königliche Gobelinmanufaktur von Santa Barbara in
Madrid Zeichnungen zu entwerfen. Dieses Unternehmen war nach flämischem Vorbild 1720 von Philipp V. gegründet worden und hatte nach Jahren des Rückganges
seit 1762 unter Mengs' Leitung einen neuen Aufschwung genommen. Die Fabrik hat
sich bis auf unsere Tage erhalten und nimmt noch die alten Räume ein, am Ende des
Prado, an der Promenade De Los Altos. Die Gobelins, deren Herstellung 1776 be-
fohlen wurde, waren für das nördlich von Madrid am Manzanares gelegene Jagd-
schloß El Pardo bestimmt. Es handelte sich um die Ausschmückung des großen
Speisesaales und der Räume, die damals der Prinz von Asturien, der nachmalige
Karl IV., mit seiner Familie bewohnte. Der König pflegte selbst im Pardo all-
jährlich längere Zeit zu verweilen, um nach altem spanischem Königsbrauch in den an-

Abb. 18. Wasserträgerinnen. Teppichvorlage. 1787. Madrid, Pradomuseum.
Nach einer Originalphotographie von J. Laurent & Cie., Madrid. (Zu Seite 33.)

grenzenden weiten Waldungen der Jagd obzuliegen. Außer Goya wurden noch andere Madrider Künstler mit Vorlagen betraut, unter ihnen auch sein Schwager Ramon. Die Verteilung der Arbeiten fand im Juni 1776 statt, und bereits am 30. Oktober desselben Jahres lieferte Goya sein erstes Stück ab. Rasch folgte dann ein Entwurf nach dem andern, bis im Winter 79/80 nach Ablieferung der für den Pardo beorderten 31 Vorlagen eine längere Unterbrechung eintrat. Erst 1786 nahm Goya die Tätigkeit für die Manufaktur wieder auf und lieferte bis 1788 weitere zehn und dann 1791 noch vier Entwürfe, die ich wohl im Zusammenhang hier gleich mitbesprechen darf. Bei diesen neuen Aufträgen kam die Ausschmückung einiger Räume des Escorial in Frage. Wie aus noch vorhandenen Urkunden des Fabrikarchivs und Briefen des Künstlers hervorgeht, hat Goya die Anfertigung der Vorlagen je länger, je mehr als eine Last empfunden. Die Beschränkung im Gegenständlichen und Räumlichen, die notwendige Rücksicht auf die Umarbeitung des Handwerkers, wohl auch die Prüfung, der die Kartons bei den Hofmalern unterlagen, erfüllten ihn mit Unlust. Einigen der späteren Kartons sieht man an, daß er mit Verdruß und Unwillen an die Arbeit herangegangen war. Durch andere, zum Teil wohl auch einträglichere Aufträge vollauf beschäftigt, versuchte er wiederholt, wenn auch ohne Erfolg, sich den übernommenen Verpflichtungen zu entziehen, bis schließlich die Bestellung neuer Vorlagen von selbst ausblieb, da der neue König, Karl IV., nicht gewillt war, für die Manufaktur die ungeheuren Opfer weiter zu bringen, die sie seinem Vorgänger gekostet hatten.

Die nach Goyas Entwürfen ausgeführten Teppiche sind heute nicht mehr vollzählig vorhanden, ein Teil ist in den Zeiten politischer Wirren verschwunden, wovon sich ein Bruchstück in die Pariser Gobelinsammlung verirrt hat. Die übrigen befinden

Abb. 19. Stelzenläufer. Teppichvorlage. 1788. Madrid, Pradomuseum.
Nach einer Originalphotographie von J. Laurent & Cie., Madrid. (Zu Seite 33.)

sich noch heute in den königlichen Schlössern. Goyas Entwürfe selbst waren lange verschollen, bis sie 1869 zusammengerollt, von der Zeit hart mitgenommen, in einem Winkel des Escorial aufgefunden wurden. Unberührt, aber der Verschmutzung ausgesetzt, hatten sie dort gelegen, seit sie von der Manufakturverwaltung abgeliefert worden waren. Die Kartons sind inzwischen sorgsam gereinigt und restauriert worden und nehmen heute im zweiten Stockwerk des Pradomuseums einen breiten Raum ein. Es sind indessen dort von den ursprünglichen 45 Entwürfen, nach denen zwei- bis dreimal soviel Stücke in der Originalgröße und in kleinerem Format ausgeführt wurden, nur 36 zu sehen, ein weiterer Karton befindet sich in Madrider Privatbesitz, während der Rest zugrunde ging, gestohlen oder verzettelt wurde. Die Größe schwankt, je nach dem Raum,

Abb. 20. Kinder auf einen Baum kletternd. Teppichvorlage. 1791.
Madrid, Pradomuseum.
Nach einer Originalphotographie von J. Laurent & Cie., Madrid. (Zu Seite 33.)

für den die Vorlage bestimmt war, in Breite und Höhe von $1^1/_2$ bis 4 m. Verschiedene Privatsammlungen besitzen auch noch Ölskizzen kleineren Umfanges, die man als Studien zu den Entwürfen zu betrachten hat.

Zu den Perlen des Pradomuseums gehören die Gobelinvorlagen gerade nicht. Sie geben sogar von Goyas Kunst insofern einen falschen Begriff, als gewöhnlich außer acht gelassen wird, daß der Künstler doch mit den Anforderungen des Webers zu rechnen hatte. Die Farben sind ohne Abtönung meist in breiten Flächen hingestrichen, wir bemerken scharfe Gegensätze von Licht und Schatten, die großen Figuren und Gruppen überwiegen die Landschaft, der Mittelgrund fehlt ganz, während der Hintergrund ohne räumliche Vertiefung, kulissenartig erscheint oder durch monotone Himmel, massige Bauten, Steinbrücken und dergleichen gebildet wird, von denen sich die Gestalten hart abheben. Das alles war durch die Gobelintechnik bedingt, mit deren Forderungen sich Goya freilich erst allmählich abfand. Darum pflegen die ersten Vorlagen besser zu gefallen, wo sich der Künstler noch nicht eingearbeitet und, ohne auf den Handwerker Rücksicht zu nehmen, den Vorwurf rein malerisch behandelt hat. Hier sind die Farben noch mannigfaltig und abgetönt, die Figuren erscheinen als Staffage, Mittelgrund und Ferne verlaufen nach perspektivischen Regeln usw. Daher kommt es auch, daß die Reproduktionen der Teppichentwürfe, wie man bemerken wird, ungewöhnlich scharf sind, schärfer als die der Staffeleibilder mit denselben Motiven.

Wenn auch die Bewunderung der Entwürfe zu Goyas Zeit wohl übertrieben wurde, so ist doch sicher, daß sie stofflich hochinteressant sind und technisch durchweg vortreffliche Einzelheiten enthalten, die den großen Künstler ankündigen. Selbst, wo man zunächst

Nachlässigkeit vermutet, entdeckt man bald die Meisterhand. Es ist überraschend, mit wie wenigen Strichen oft eine Persönlichkeit treffsicher gekennzeichnet ist. Für die Beurteilung von Goyas Entwicklung ist das Studium der Vorlagen jedenfalls unerläßlich. Sie beweisen auch, daß die Kompositionsmängel, die man verschiedentlich an den Gobelins wahrnimmt, auf Rechnung der Manufaktur und nicht des Künstlers fallen. Nicht immer zum Vorteil der Arbeit haben sich die Weber hin und wieder die Freiheit genommen, vom Modelle abzuweichen.

In diesen farbigen Zeichnungen hat Goya die ersten Proben seiner eigentlichen Begabung abgelegt, und sie sind es auch, die ihm neben einer überraschend hohen Bezahlung in Spanien den ersten Ruhm eingetragen haben. Was sie auszeichnete, war vor allem der scharfe Kontrast gegen die eintönige Steifheit der Zeitkunst. Die öden Schönheitsformen der neuen Renaissance mit den langweiligen Allegorien und den leblosen Götter- und Heldengestalten, die Mengs und sein Anhang auf die Wände der Paläste gemalt hatten, wurden abgelöst durch Motive aus dem buntfarbigen Leben des Volkes. Die Wahl der Stoffe war Goya überlassen worden. Was er gab, war nichts Fremdes, nichts Vergangenes, nichts in höheren Sphären Wandelndes, sondern das wirkliche, umgebende Leben der Gegenwart: Erinnerungen an die Bauernsitten der Heimat, an Promenaden durch die belebten Straßen der Hauptstadt, an Wanderungen durch die Dörfer im Manzanarestal. Man kann sich vorstellen, wie sie aufgeschaut haben, der König, die Hofgesellschaft, die Hofmaler, als nach und nach auf diesen Vorlagen und Teppichen das spanische Volk vor ihnen aufzog in allen seinen Typen und Lustbarkeiten: die prächtigen Bauerngestalten, sonderlich die des aragonesischen Volksschlags mit den kräftigen Körpern und den energischen Köpfen, in ihren bunten Trachten, trinkend, raufend (Abb. 4), bei allen Freuden und Beschäftigungen der Landbevölkerung bis zum

Abb. 21. Blindekuhspiel. Teppichvorlage. 1791. Madrid, Pradomuseum.
Nach einer Originalphotographie von J. Laurent & Cie., Madrid. (Zu Seite 33.)

Majas auf dem Balkon. Im Besitz der Comtesse de Paris. (Zu Seite 42.)

Hochzeitszug im Dorf (Abb. 17) und zum Bäumebeschneiden des Gärtners, Schmuggler, Zollwächter (Abb. 9), Holzfäller, Jäger (Abb. 16) und schöne Frauen, die selbst als Bäuerinnen die Grazie der Spanierin verraten. Dann die Figuren der Hauptstadt: Spazierende Granden (Abb. 8), die kokette Dame mit dem Sonnenschirm, der arme Blinde, der auf der Straße zur Gitarre seine Romanzen singt (Abb. 6), die Wasserträgerinnen (Abb. 18), die Obstfrau (Abb. 8), das Publikum des Trödel- und Töpfermarktes (Abb. 7), die Würdenträger in der Karosse (Abb. 7), die Wäscherinnen unter Bäumen am Flußlauf (Abb. 11). Dann die Gruppen fröhlich bewegter Menschen, die bei sonnigem Wetter allerlei gesellige Kurzweil treiben, tanzen (Abb. 3), musizieren, Stelzen laufen (Abb. 19), Karte, Ball, Blindekuh (Abb. 21) oder Pelota spielen (Abb. 10), sich zwischen Bäumen schaukeln, den Hampelmann emporprellen, den

Abb. 22. Geisterspuk. 1798. National Gallery zu London.
(Zu Seite 36 u. 40.)

Drachen steigen lassen oder lustig beim Picknick im Grünen lagern (Abb. 2), bis zur Leidenschaft des Stierkampfes (Abb. 12) und zur Romantik andalusischer Toreros, die halb vermummt mit südlichem Feuer eine Schöne umgirren (Abb. 5). Endlich — ein Lieblingsgegenstand der Sopraporten — die Gruppen der Kinder, wie sie Soldaten spielen, die Trommel rühren und die Trompete blasen, auf Bäume klettern (Abb. 20), den Erntewagen ersteigen (Abb. 13), den Karren ziehen, die Schweinsblase auftreiben, auf einem Lamm reiten, mit dem Vogel spielen oder Maskerade feiern. Daneben Szenen voll derber Realistik und ergreifender Tragik: die Prügelei vor dem Wirtshaus (Abb. 4), der am Bau Verunglückte, den die Kameraden heimtragen, und die arme Witwe in zerlumpten Kleidern, die mit ihren frierenden Kindern am Brunnen steht und vergeblich nach einem Obdach umhersieht (Abb. 16). Alle Stimmungen der Natur werden vorgeführt, von der brennenden Sonnenglut eines Augustmittags im Ebrotal, wo die Schnitter im Schatten des Erntewagens rasten (Abb. 13), bis zum eisigen Hauche des Wintertags, an dem Reisende, fest in die Mäntel gehüllt, mit bepacktem Maultier und bewaffneten Treibern im Sturm den Pfad durch die berüchtigten Schluchten der Sierra Morena suchen (Abb. 15). Der helle Sonnenglanz, der über den Garben glüht, wirkt dort mit derselben Illusionskraft, wie hier der finstere Himmel über dem schneebedeckten Gebirge.

Die entzückenden Kompositionen mit ihren leicht bewegten, meist von landschaftlichem Grunde sich abhebenden und in die Klarheit des Tageslichts getauchten Gruppen sind durchweg Zeugnisse von bewundernswertem Instinkte dekorativer Wirkung. Goyas Erfolg war um so größer, als Mengs' mythologische und allegorische Herrlichkeit ja schon längst offene Gegnerschaft gefunden hatte. Man verwies auf den nationalen Grundzug der neuen Kunst, fing an, Goya den Maler spanischer Volkssitten zu nennen, und wie das große Publikum hielten auch der König und die vornehme Welt von Madrid mit ihrem Beifall nicht zurück.

* * *

Diese ersten Erfolge ermutigten Goya, ähnliche Vorwürfe auf Tafelbildern zu behandeln. Bald entstand nun eine Unzahl größerer und kleinerer Genremalereien in mannigfaltigster Abwechslung: Landpartien, Tänze, Schmausereien, allerlei Zerstreuungen, ländliche Belustigungen, malerische Volkstypen, wie die blinden Straßensänger, Zigeuner, Schmuggler, Fuhrleute und dergleichen mehr. Der Zusammenhang solcher Bilder mit den Teppichkartons wird schon dadurch gekennzeichnet, daß die Motive in der gleichen Behandlung wiederkehren oder Typen, die dort vorkommen, hier wiederholt werden. Manche sind auch als Studien zu den Teppichen zu betrachten, die mehr oder weniger ausgeführt wurden, so daß sie auch technisch und koloristisch meist auf höherer Stufe stehen als die Kartons, die eben nur für den Weber bestimmt waren.

Aber diese wilde Natur fand bald an so harmlosen Schildereien kein Genüge mehr. Sobald die Phantasie von den durch die Rücksicht auf Palastwände oder Wünsche von Bestellern gebotenen Schranken befreit war, erhob sie ihre Schwingen und schweifte weiter und weiter, bis in die grausigsten Gebiete. Goya war kein Mann vom Schlage der Watteau und Lancret, die zeitlebens nicht mehr fertig bringen als Tänze und Picknicks auf blumiger Au, Blindekuhspiele und Schaukelbelustigungen, galante Kavaliere und zierliche Damen, Liebesgetändel und idyllisches Landleben zu malen. Solche Süßlichkeiten ertrug ein verweichlichter Franzose des achtzehnten Jahrhunderts, aber kein aragonesischer Bauernsohn von urkräftigem Stamme

Abb. 23. Hexensabbat. 1798. Früher Schloß Alameda bei Madrid. (Zu Seite 40.)

und ausgestattet mit ungewöhnlichem Geist und der Gabe scharfer, ungemein scharfer Beobachtung. Was ihn reizte, war anderes: Stierkämpfe mit all ihrer tierischen Leidenschaft, die Tollheiten des Karnevals und der Maskeraden, die wüsten Szenen der Volksfeste, Banditengeschichten, der malerische Aufzug und die düstere Romantik der Prozessionen, die Unheimlichkeiten der Inquisition, die Schrecken der Irrenhäuser, der Jammer von Pestkranken, die Greuel des Krieges und das Getümmel des Kampfes.

Aber nicht genug damit: Die Phantasie treibt und jagt ihn weiter, bis in Vorstellungen hinein, die mit der Wirklichkeit nichts mehr zu schaffen haben. Mißgestaltete Wesen, Ungeheuer, halb Mensch, halb Tier, finstere Dämonen, ungeschlachte Riesen, Spukgestalten,

Abb. 24. Blocksberg. 1798. Früher Schloß Alameda bei Madrid. (Zu Seite 40.)

Teufel, Hexen und derlei Gelichter — Ausgeburten einer schrecklichen, wie toll gewordenen Phantasie, packen seinen Geist, entstehen in seiner Hand. Goya hat Dutzende von Bildern mit so scheußlichen, grotesken Dingen gemalt, derselbe Goya, der uns eben wie ein gelehriger Schüler der zeitgenössischen Franzosen, nur Spanier durch und durch, so hübsch die Trachten der Zeit, das tändelnde Treiben der Vornehmen, die Sitten des Volkes geschildert hat. Es gab eine Zeit, wo dieser bizarre Geist in Einsamkeit vor nichts mehr zurückschreckte, wo ihm das Grausigste noch nicht grausig genug war, wo er Verlangen hatte, auch die wildesten Träume zu übertrumpfen, die je ein Menschenhirn gebrütet.

Goyas Sittenbilder sind nie beliebige Naturaufnahmen, sondern immer mit großartigem Geschick gegriffene Ausschnitte, aus der Wirklichkeit, die nur ein geistvoller Künstler so zu erfassen, so zu beobachten, so zu bannen, so wiederzugeben vermochte. In der Durchdringung des Stoffes mit künstlerischem Geiste, dem sich bisweilen leise satirische Elemente beigesellen, liegt das eigentümliche, packende Gepräge dieser Bilder. Sie zwingen uns seltsame Erfahrungen auf. Manchmal erscheint uns das Motiv zu grell, die Zeichnung zu lässig, die Mache zu wüst, wir möchten uns abwenden, heften aber doch den Blick wieder hin, immer und immer wieder, bis wir uns ihrer magnetischen Gewalt willenlos gefangen geben. Ein französischer Kritiker hat diesen Vorgang, dem auch mancher der

Leser unterliegen wird, treffend beschrieben: „Welch eine Welt erscheint vor uns, eine Welt im Fieber, eine Welt mit verzerrten Zügen, dem Hirn eines Träumers oder Narren entsprungen, der nur Karikaturen um sich sieht, dem alles absurd vorkommt. Wir fühlen uns entzückt und abgestoßen zugleich: abgestoßen von der Brutalität dieser Kunst, die nicht Herr über die materiellen Mittel zu sein scheint, entzückt von dem Freimut, der Laune, dem noch nie Gesehenen. Man revoltiert, zuckt die Achseln: Das ist kein Maler, das; das ist ein Improvisator, ein Dichter oder Gott weiß was; solche Schmiereien kann man doch unmöglich ernst nehmen! — und einen Augenblick später ertappen wir uns, wie wir diese ‚Schmiereien‘ noch immer betrachten, wie sie uns nach und nach zu fesseln beginnen. Etwas von dem, was der Künstler hineingelegt hat, bemächtigt sich unser; wir dringen in seinen Geist und in seine Welt ein. Der Strudel seiner Phantasie reißt uns fort   der Zauber hat seine Wirkung getan, Goya triumphiert!"

Noch vor wenigen Jahren konnte man 22 Genremalereien Goyas auf einem Fleck vereinigt sehen, in einer Mannigfaltigkeit der Ausführung und der Motive, wie sie schwerlich wieder zu erreichen sein wird, von koloristisch fein abgestimmten galanten Darstellungen im Watteaustil und idyllischen Volksfesten inmitten anmutiger Landschaft bis zu keck und flott gemalten Erzeugnissen einer wüsten Phantasie. Es war dies in der Alameda, einem südöstlich von Madrid an der Straße nach Guadalaxara gelegenen Landschlosse des Herzogs von Osuna. Die Sammlung ist, wie schon erwähnt, jüngst aufgelöst und, da der spanische Staat sich törichterweise den Erwerb entgehen ließ, auf dem Wege der Versteigerung in alle Winde zerstreut worden. Die zwei kleinen Tafeln, die in die Londoner National Gallery kamen, sind ein „Ländliches Picknick" und ein „Geisterspuk", dessen Motiv anscheinend einer spanischen Komödie entlehnt ist (Abb. 22).

Vier Bilder, die zu den hervorragendsten und umfangreichsten der Alameda gehörten, wurden vom Duque de Montellano in Madrid erworben, sind also Spanien erhalten geblieben. Es sind prächtige Landschaften: wir sehen einen von Buschwerk und steilen Bergketten umrahmten Flußlauf, ein üppiges Waldtal mit welligem Boden, entzückende Pinien und wundervolle Buchen, alles von einem Duft umflossen, der den Eindruck der lebhaft bewegten Szenen poetisch verklärt. Die Formen deuten auf ein langes, reifes Studium der Natur hin, und die Art, wie Vordergrund und Ferne miteinander verschmelzen, wie die Gestalten in die Landschaft hineinverwoben sind und sich ihr staffagenhaft angliedern, ist meisterlich. Zwei schildern Reiseunfälle. Inmitten einer größern Gesellschaft, die auf Maultieren einen Ausflug unternimmt, ist eine Dame gestürzt (Abb. 26); eine Postkutsche wird von Banditen überfallen, die die Reisenden bedrohen und ausrauben (Abb. 27). Das dritte, „Die Schaukel", ist eine Wiederholung des Teppichkartons. In der Cucaña, dem schönsten dieser Bilder, wird eine alte spanische Volksbelustigung geschildert (Abb. 28). Im Dorfe, dessen Bauerngehöfte mit hohen, belaubten Bäumen den Hintergrund füllen, ist der Maibaum errichtet, an dessen Spitze man Würste und Brezeln befestigt sieht. Kleine Knirpse unternehmen das Wagnis hinaufzuklettern, um den Preis zu erringen. Schon ist einer am Ziel. Zahlreiche Zuschauer haben sich eingefunden, Frauen und Mädchen lagern seitwärts, hell leuchten die Mantillen. Kinder stehen herum, den Blick voll Spannung auf den Vorgang gerichtet, auch Männer sind da, im bekannten spanischen Mantel mit breitkrempigem Hut. Wie wundervoll sind alle Bewegungen gezeichnet, bei den kletternden Knaben, die sich silhouettenartig von dem lichten Himmel abheben, bei dem Kinderpaar zur Rechten und der Gruppe um den Baum herum, die den Mittelpunkt bildet. Nur feine Naturbeobachtung und gereiftes Können vermochten solchen Eindruck der Wirklichkeit herauszubringen. Hier ist der künftige Meister, der den Problemen der bewegten, flüchtigen Erscheinung nachging, vorweggenommen und der Beweis geliefert, wie frühzeitig solche Versuche ihn lockten. Wenn Goyas epochale Bedeutung gerade in der Behandlung des Problems der Bewegung liegt, hat man Ursache tief zu bedauern, daß er dieses Gebiet aus ökonomischen Rücksichten lange Jahre vernachlässigte, um sich ihm erst gegen den Ausgang seines Lebens wieder — allerdings mit ungeschwächter Kraft — zu widmen.

Abb. 25. Der steinerne Gast. 1798. Früher Schloß Alameda bei Madrid.
Nach einer Originalphotographie von J. Laurent & Cie., Madrid. (Zu Seite 40.)

Landschaftsbilder ersten Ranges enthalten auch drei weitere Gemälde der Alameda. Das eine stellt auf riesiger Fläche den interessanten Vorgang dar, wie von drei berittenen Picadores aus einer mächtigen Herde die Stiere für die Arena ausgewählt werden, ein Schauspiel, dessen Verlauf von dem herbeigeeilten Landvolke, namentlich Frauen, von sicherer Stätte aus eifrig verfolgt wird (Abb. 29). Auf dem zweiten sehen wir eine Prozession (Abb. 30): Priester in Chorhemd und Meßgewand, Kuttenmönche und Landleute haben in einem alten, einsam auf der Höhe gelegenen Wallfahrtskirchlein ihre Andacht gehalten und ziehen nun, ihre Litaneien singend, mit Bannern, Kreuzen und brennenden Kerzen in brütender Mittagshitze den felsigen Pfad in das von einem hellen Gewitterhimmel erleuchtete Tal hinab — ein Bild von grandioser malerischer Wirkung. Ob diese beiden Gemälde sich, der Erwerbung harrend, noch im Kunsthandel befinden, oder ob sie bereits in festen Besitz übergetreten sind, vermag ich nicht zu sagen. Jedenfalls sind sie bisher weder in öffentliche noch bekannte private Sammlungen gelangt.

Dasselbe gilt von einem der beiden herrlichen Bilder mit der Romeria di San Isidro, während das andere in den Prado kam (Abb. 31). Ein schöner Frühlingstag neigt sich zu Ende. Weit vor den Toren von Madrid, jenseits des Manzanares ist nach alter Sitte das Volk der Hauptstadt zur Feier des Schutzheiligen, dem populärsten aller Feste, versammelt. Alles hat der Sonnenschein aus den engen Klausen hinaus ins Freie gelockt, groß und klein, zu Fuß, zu Wagen, zu Pferd. Im Vordergrund auf der Höhe über dem Fluß lagern Gruppen von verliebten Paaren, heiter scherzend und schmausend, die Damen in hellen Seidengewändern, mit roten Sonnenschirmen, weißen Spitzen und Mantillen, die Kavaliere in vornehmer Zeittracht. Unten auf den weiten Wiesen gegen den Manzanares tummelt sich eine bunt bewegte Menge, unzählige Gestalten, in allen Einzelheiten mit einer Sorgfalt ausgeführt, die bei einem an flotten Strich gewöhnten Maler überrascht. Man erkennt Buden mit Töpferwaren und Heiligensachen, Trinkzelte und Fuhrwerke jeder Art. Alle Klassen der Bevölkerung sind vertreten, vom bescheidenen Bürgerkinde, von Musikanten und Bettlern bis zu den Herren und Damen der Gesellschaft. Es wird gekocht, gezecht, getanzt und getändelt. Man meint förmlich, das fröhliche Geplauder und Getümmel der durcheinander wogenden Masse zu hören, man möchte unter sie treten und teilnehmen an der Lust dieses sonnigen Frühlingsfestes. Im Mittelgrund der hochgeschwollene Fluß, von dessen Silberstreifen sich die letzten Gruppen der Feiernden plastisch ablösen. Drüben auf der jenseitigen Anhöhe, majestätisch hingelagert, breitet sich die Stadt aus, klar und heiter im hellen Frühlingshimmel, mit ihren glänzenden Palästen und Kirchen bis zu den ärmeren Vierteln. Jedes Fenster ist zu sehen, jeder Bau getreu nach der Natur gezeichnet. Dort das königliche Schloß, die Almudeña, die Cuesta de la Vega, in der Mitte thronend die Kuppel von San Francisco el Grande.

Ich wüßte kaum ein Bild Goyas zu nennen, das landschaftlich mit diesem Prachtstücke zu vergleichen wäre. Man beachte nur die vorzügliche Luftperspektive, die tadellose Zeichnung und den malerischen Sinn, der sich z. B. in der Gruppierung des Vorgrundes kundgibt. Mit gleicher Vollkommenheit ist Licht und Farbe behandelt. Solch heitere, über einem Frühlingstag liegende Festfreude ist selten einem Künstler in diesem Maße gelungen. Der Glanz der Nachmittagssonne, der die Jenseite überflutet und den Steinmassen von Madrid einen magischen Schimmer verleiht, wie den Mauern der alten Feste auf dem Berliner Maibaumbild, der fein überlegte Wolkenschatten, in dem sich das Gewimmel der Wiese bewegt, der helle Schein des das Bild in der Mitte durchschneidenden Flusses und die Beleuchtung der hellgekleideten Gruppen und des Berghanges im Vorgrund sind unübertrefflich gegeben. An Farben fehlt es nicht, aber es überwiegen die hellen, grauen Töne, die selbst das Blau des Himmels aufsaugen und nur von den Farben des Frauenputzes und von dem Grün der Matten und Büsche leise unterbrochen werden. Über dem Ganzen lagert jene silbertönige, kühle Stimmung, die dem Hochland von Kastilien eigentümlich ist, und die auch Velasquez seinen Bildern verlieh, seit er den heimatlichen Süden mit Madrid vertauscht hatte.

Abb. 26. Reiseunfall. 1787. Madrid, Duque de Montellano. (Zu Seite 36.)

Man begreift den Reichtum von Goyas Innenleben, wenn man sieht, daß in demselben Jahre (1798/99), in dem der Künstler diese Juwele harmloser Volksfreude malte, auch die fünf phantastischen Geister- und Hexenbilder (Abb. 22—25) entstanden, die mit

Abb. 27. Überfall durch Banditen. 1787. Madrid, Duque de Montellano. (Zu Seite 36.)

der Romeria und anderen Darstellungen ländlicher Lustbarkeiten zugleich die Wände der Alameda bedeckten. Und man begreift ferner die Skala seiner Pinselführung, wenn man die flott wie im Übermut hingeworfenen impressionistischen Skizzen derselben Zeit mit dieser peinlichen Sauberkeit und Durchführung vergleicht. Es ist freilich ein Wunder, daß

Abb. 28. Der Maibaum (La cucaña). 1787. Madrid, Duque de Montellano.
(Zu Seite 36.)

Goya sich zu einer Wiederholung des Bildes entschloß, die Sorgfalt war ihm schwer gefallen. An Zapater hatte er geschrieben: „Ich male jetzt eine Wiese von San Isidro, die durch die tausend Kleinigkeiten, die man darauf sieht, das Minutiöseste und Ermüdendste ist, was ich jemals gemalt habe," und er hatte hinzugefügt, ein zweites Mal wolle er dergleichen nicht wieder unternehmen.

Noch vier ausgezeichnete Bilder, die aus der Zeit bis 1799 hierher gehören, bewahrt die Akademie von San Fernando in Madrid: Karnevalsszene (Abb. 32), Flagellantenprozession (Abb. 33), Gerichtssitzung der Inquisition und Interieur aus dem Irrenhaus (Abb. 35). Diese Bilder zeigen eine unglaubliche Realistik und haben trotz der ungeheuren Leidenschaft, von der Kopf und Hand des Malers gepackt war, und des mehr skizzenhaften Charakters vollendete Tonschönheit. Auch sie erweisen, wie ernst Goya schon um diese Zeit mit den Problemen der atmosphärischen Luft und der Bewegung gerungen hat. Die Flagellantenprozession und der Karnevalszug sind Meisterstücke des Impressionismus. Aus dem dunkeln, beinahe finstern Massiv der Kirche bewegt sich mit seinen Standarten, Kreuzen und Marienbildern der erschütternde Zug der entblößten Büßer, an Scharen von gaffenden Männern, Frauen und Kindern vorbei, hinaus ins volle, freie Sonnenlicht. Man hört das Plärren der Menge und fühlt den Schmerz der gebeugten Leiber. Noch mehr Staunen erfordern vielleicht die Halbtöne und Lichteffekte, die aus den düsteren Räumen der Inquisitionssitzung und des Irrenhauses wunderbar herausleuchten. Die Wahrheit und Sicherheit, mit der hier nach unmittelbaren Natureindrücken die Bewegungen und das Gestalten und Raum überflutende Licht wiedergegeben sind, kann kaum übertroffen werden.

Zu Goyas populärsten, wenn auch nicht gerade besten Genrebildern gehören die „Manolas auf dem Balkon". Nirgends wohl tritt seine Fähigkeit zum Erfassen und Schildern nationaler Sitte anschaulicher hervor. Wie die beiden Schönen, denen die Leidenschaft nur so aus den dunklen Augen sprüht, mit ihren Rittern vom Balkon lebhaft irgendeinen Vorgang verfolgen, ist so echt spanisch, daß man die Szene schwerlich wieder vergißt (Abb. zwischen S. 32 u. 33). Die weißen, nur leicht getönten Kleider

Abb. 29. Auswahl der Stiere für die Corrida. 1787. Früher Schloß Alameda bei Madrid.
Nach einer Originalphotographie von J. Laurent & Cie., Madrid. (Zu Seite 38.)

und hellbeleuchteten Gesichter der Frauen stehen in wirkungsvollem Gegensatz zu den tiefbraunen Mänteln und dunkeln Köpfen der Männer, die sich eingehüllt haben, als ob es Winter wäre. Das Bild hat den Besitzer öfter gewechselt, war aber immer in guten Händen; es befand sich in der Sammlung König Louis-Philipps, kam dann in den Palast des Herzogs von Montpensier nach Sevilla und gehört jetzt der Gräfin von Paris. Wie Goyas Briefwechsel zeigt, wurden die in Lebensgröße gehaltenen Figuren schon zu seiner Zeit bewundert und noch mehrfach wiederholt. Leben und Reize der Majas und Manolas (Frauen eines andalusischen Tales) waren Goya vertraut, er hat sie in

Abb. 30. Prozession. 1787. Madrid, Duque de Montellano.
Nach einer Originalphotographie von J. Laurent & Cie., Madrid. (Zu Seite 38.)

allen Tonarten geschildert, in den verschiedensten Situationen. Es gibt Dutzende solcher Bilder mit ähnlichen Motiven, halb Porträt, halb Genre.

Viel Anregung haben Goya auch die Briganten, zu jener Zeit bekanntlich keine seltne Erscheinung, gegeben. Außer dem häufig wiederholten Überfall des Reisewagens, der unter der ehemaligen Sammlung der Alameda erwähnt wurde, sind einige zwanzig Bilder mit Banditenszenen bekannt, die sich zumeist in Madrider Privatbesitz befinden: Plünderungen, Anfälle auf Weiber und Kinder, Schändungen, Kämpfe mit Soldaten und dergleichen. Ein berüchtigter Räuber jener Tage, Murogoto, ist auf sechs kleinen Holztafeln verewigt.

Die Aufnahme, die Goyas Sittenbilder von Anfang an beim Publikum fanden, war eine überaus günstige; sie verhalfen ihm zu einer Volkstümlichkeit, wie sie noch keinem spanischen Künstler auch nur annähernd zuteil geworden war. Seine Zukunft war damit gesichert, und König Karl III. bewilligte ihm im Januar 1779 die erste Audienz. Wie sehr er trotz seines selbstbewußten Charakters äußerlichen Ehren zugänglich war, beweist die unbändige Freude, die er darüber empfand, und sein sich daran schließendes Gesuch um Verleihung der Würde als Hofmaler. Er hatte den Schmerz, daß der König die Bitte ablehnte. Dafür erfuhr er aber eine ganz unverhoffte Genugtuung von anderer Seite: die Kunstakademie von Madrid ernannte ihn, 1780, zu ihrem Mitgliede.

Man hat nach Einflüssen gefragt. In der Zeit, wo Goya noch an das Schema der Teppichvorlagen gebunden war und deren Motive gern auf Tafeln übertrug, hat die Komposition bisweilen Anklänge an die Schäferszenen der Watteauschule, manchmal wohl

44

auch an die edleren Erzeugnisse der Niederländer. Bei der allgemeinen Selbständigkeit
von Goyas Schaffen ist aber sehr fraglich, ob er sich einer solchen Verwandtschaft jemals
bewußt war, und sicher, daß er sie nicht gesucht hat. Die Ähnlichkeit bezieht sich auch
nur auf das Äußerliche. Dergleichen Motive waren ja für Wandbekleidungen von jeher
gebräuchlich und von der spanischen Manufaktur, die von Anfang an durch flämische
Wirker geleitet wurde, dadurch eingeführt worden, daß Bilder von Teniers und Wouver-
man aus den königlichen Schlössern zur Anfertigung von Gobelins benutzt wurden. Über
den Stoff hinaus wird man vergeblich nach Anklängen suchen. In Technik und Farbengebung ist Goya sowohl von Watteau wie von den niederländischen Genremalern auch
in seiner Frühzeit weit entfernt. Ich bezweifle auch, daß ihm vor seinem Pariser Aufenthalte im Jahre 1824 jemals ein Watteau oder Pater zu Gesicht gekommen ist. Spanien
besaß dergleichen nicht. Eher hätte er am Hofe die Bekanntschaft der Niederländer
machen können, aber zu der Zeit, in der solche Einflüsse gesucht werden, stand ihm
der Zutritt zu diesen Räumen noch nicht offen.

Wirklichkeits- und Genredarstellungen waren auch in der spanischen Kunst an sich
nichts Neues. Während sich in Italien erst bei den späteren Bolognesen dürftige Ansätze

Abb. 31. Madrider Volksfest im Mai (La Romeria di San Isidro). 1799. Madrid, Pradomuseum.
(Zu Seite 38.)

zum profanen Sittenbild finden, hatte Velasquez in den Küchenstücken und den „Trinkern“
Gestalten aus dem niederen Volke: Wasserverkäufer, Köchinnen, Bauern und Bettler
geschildert und in den „Spinnerinnen“ und den „Edelfräulein“ Wirklichkeitsdarstellungen
geschaffen, die bis auf den heutigen Tag zu den schönsten gehören. Und Murillo hatte
Gassenjungen und andalusische Mädchen gemalt. Aber Goyas Schritte führten wesentlich
weiter. Wir sehen bei ihm nicht lebende Bilder, wie bei Velasquez, sondern Moment-
aufnahmen, nicht Typen ohne Abwechslung wie bei Murillo, sondern individuelles Leben.
Namentlich aber in der Ausdehnung des Stoffgebietes ist Goya weit über die Grenzen
seiner großen spanischen Vorgänger hinausgekommen. Auch die Niederländer, die eigentlichen Schöpfer und Meister solcher Darstellungen, hat er überflügelt. Die Genrebilder
aus der späteren Zeit haben vollständig moderne Gegenständlichkeit, und auch in diesem
Sinne kann Goya der erste moderne Maler genannt werden.

Es ist interessant, an diesen Bildern Goyas künstlerische Entwicklung zu verfolgen.
Eine chronologische Ordnung aufzustellen — die hier auch aus anderen Gründen vermieden
wird — hat allerdings seine Mißlichkeiten, da nur wenige dieser Bilder datiert sind
und die Anhaltspunkte fast vollständig fehlen, die bei den Porträts in Kostüm, Haartracht
und Alter der Dargestellten die Bestimmung undatierter Bilder erleichtern. Zudem lassen
uns hier urkundliche Nachrichten fast ganz im Stich. Der Briefwechsel mit Zapater

Abb. 32. Karneval. Um 1793. Madrid, Kunstakademie von San Fernando.
Nach einer Originalphotographie von J. Laurent & Cie., Madrid. (Zu Seite 42.)

gewährt gerade über diesen Teil von des Meisters Tätigkeit nur geringen Aufschluß. Auch die Zeitverhältnisse sind nicht immer maßgebend. Sie gelten zwar für die Kriegs-szenen der späteren Jahre, aber Hexen- und Inquisitionsbilder hat Goya noch gemalt, als der Hexenglaube in Spanien schon bis auf geringe Reste verschwunden war und die Inquisition längst keine Folterungen und Tribunalssitzungen mehr abhielt. So bleibt in den meisten Fällen die Entwicklung der Malweise das einzige Moment, das eine annähernde Festlegung der Daten ermöglicht: der allmählich sich vollziehende Fortschritt von der zahmen, trockenen Technik der Frühzeit zur größeren Freiheit in der Behandlung, die sich schließlich an die schwierigsten malerischen Probleme heranwagt, von der kräftigen Farbengebung der Teppichvorlagen zum vornehmsten Tongefühl, von den einfachen Wirkungen, die sich zur Not auch bei anderen Malern des Jahrhunderts finden, zur einzig dastehenden Kraft und Energie in Auffassung und Ausführung. Die Ungleichwertigkeit, die man an den Genrebildern getadelt hat, ist mehr eine Frage der aufgewandten Zeit als künstlerischen Könnens. Man wird den Tadel auch nur da finden, wo für die naiv-unbeholfene, glatte Kunst eines toskanischen Trecentisten oder gar eines Nördlinger Malers größere Sympathie besteht als für die „renommistische Technik" der Gegenwart. Die guten Kritiker haben außerdem übersehen, daß es sich vielfach bei so „verworrenen" Malereien nur um flüchtige Skizzen handelt, die ihre Entstehung einer erregten Stunde verdanken und gar nicht für den Verkauf, sondern für die Mappe, höchstens für gute Freunde bestimmt waren, wie sich denn eine Menge solcher Studien bei Goyas Tode noch in seinem Besitz befanden, die auf die Erben übergingen.

Aber selbst diese in übermütigen Augenblicken auf die Leinwand geschleuderten Gedanken und Eindrücke sind von unsagbarem Reize, mir persönlich beinahe das Liebste aus Goyas ganzem Werke. Sie sind voller Geist und voller Leben. Nur ein Tor kann verkennen, welche unglaubliche Wahrheit und was für ein technisches Können gerade in diesen Improvisationen steckt. Man möchte solche Bilder gar nicht anders haben. Weitere Ausführung würde sicher die Stimmung vernichten, während sie so, wie sie sind, der Phantasie einen unermeßlichen Spielraum gestatten.

Goya muß oft wie im Fieber gemalt haben. Wir wissen, daß er zu Porträts, die ihn reizten, nur wenige Stunden brauchte. Man darf vermuten, daß es bei solchen Impressionen, wie der herrlichen Karnevalsszene in der Sammlung Cherfils zu Biarritz, noch schneller ging. Nur wenige seiner Bilder machen den Eindruck, als ob sie langsam im Kopfe herangereift und dann geduldig von der Hand ausgeführt wären, wie die Werke der Holländer. Goya war ein Temperament. Vielleicht das größte in der ganzen Geschichte der Kunst. Er war ewig in Aufregung. Seit er in geordnete Bahnen

Abb. 33. Flagellantenprozession am Karfreitag. Um 1793.
Madrid, Kunstakademie von San Fernando. (Zu Seite 42.)

Abb. 34. Enthauptung. Um 1793. Madrid, Conde de Villagonzalo.

gekommen, hatte sich seiner eine fieberhafte Hast bemächtigt, eine wahre Wut zur Arbeit. Die Wildheit seiner Natur, die während der Jugendjahre in körperlichen Exzessen getobt hatte, und die noch im reifen Alter nicht selten über die Stränge schlug, kam auch in seinem Schaffen zum Durchbruch. Ein Eindruck drängte den anderen. Bis er mit dem Pinsel sorgsam formuliert war, dauerte zu lange; denn es war längst ein neuer da, der ungeduldig auf Formulierung wartete. Ein Bild darf nicht unterbrochen werden, es muß in einem Ritt zu Ende gemalt sein, und so rasch, wie die Impression kam, so rasch muß sie auf der Leinwand stehen! Nur sich nicht von neuem künstlich in eine Stimmung zurückversetzen, die schon durch eine andere abgelöst ist! Goyas Hand war so geschickt, wie nur eine. Beweis: die Romeria. Aber sie war ungeduldig. „Das Temperament reißt sie fort, sie schmeißt den Pinsel auf die Leinwand, einige Striche — und der Aufschrei in des Künstlers Seele hat ein Echo im Bild gefunden! Mit wenigen Farbenflecken ist gesagt, wozu andere langsame Arbeit brauchen.“

Das ist das Wesen von Goyas Impressionen.

Es gibt eine Unmasse von Ölskizzen und Zeichnungen von seiner Hand. Man zählt viele Hunderte, mit einem mächtigen, staunenswerten Reichtum der Motive. Jedes Material war ihm recht: Holz, Leinwand, Pappe, ein Stück Papier; jedes Werkzeug: Pinsel, Griffel oder Feder. Später kommt noch die Radiernadel und der Steinstift hinzu. Manchmal sieht's aus, als ob die Farben mit dem Spachtel aufgeschmiert seien. Selbst wenn Freunde ihn zu besuchen kamen, quälte ihn die Arbeit: er schüttete, erzählt ein Augenzeuge, die Streubüchse aus, um Figuren in den Sand zu zeichnen. Und jeder Strich sitzt, jeder Farbenfleck ist am Platze. Ohne Anstrengung hat die fiebernde Hand den gesuchten Effekt erreicht. Wie sind die Bewegungen gezeichnet! Die Augen ein formloser Punkt, aber welch dramatisches Leben! Und welche Raffiniertheit in den Tönen!

*　　*　　*

Nachdem Goya im Januar 1780 den ersten Teil seiner Tätigkeit für die Teppich-manufaktur beendet hatte, finden wir ihn in den nächsten Jahren vorzugsweise mit religiösen Arbeiten beschäftigt. Er hält sich vom Herbst 1780 bis in den Früh-sommer des folgenden Jahres in Zaragoza auf, um sich an der weiteren Ausschmückung der Kathedrale zu beteiligen, und führt dann, nach Madrid zurückgekehrt, Malereien für die Kirche San Francisco el Grande aus.

Die Ausmalung der Virgen del Pilar von Zaragoza war, seit Goya sie 1771 mit seinen ersten Fresken begonnen hatte, nicht ins Stocken geraten. Für den weiteren Schmuck des Baues hatte das Kapitel in der Zwischenzeit Francisco Bayeu herangezogen, der in sechs Kuppelgewölben die Arbeiten selbst ausführte und für die übrigen Teile die Aufsicht erhielt. Davon war eine Kuppel, die der Joachimskapelle, bereits 1776 Goya übertragen worden, die in Madrid eingegangenen Verpflichtungen und andere Umstände verzögerten aber seine Ankunft bis zum Herbst 1780. Goya nahm bei Zapater Wohnung, seine Eltern und der alte Luzan waren noch am Leben. Der Aufenthalt in der Vaterstadt hatte jedoch einen sehr unglücklichen Verlauf. Bald nach Beginn der Arbeiten kam es zu Differenzen mit Bayeu, der an der Ausführung allerlei auszusetzen fand. Das Kapitel wie die öffentliche Meinung ergriff für den Hofmaler Partei, und als Goya aufgefordert wurde, seine Entwürfe dem Schwager zur Abänderung vorzulegen und sich nach dessen Wünschen zu richten, war die mühsam bewahrte Geduld erschöpft. In einer umfangreichen, von leidenschaftlicher Erregung sprühenden Eingabe vom 17. März 1781, deren gewandte Stilweise die Hilfe Zapaters vermuten läßt, vertritt er seine Sache mit dem ganzen Stolze eines in seiner Ehre gekränkten Künstlers: er verwahrt sich gegen die Unterordnung, die ihn zum bloßen Handwerker herabdrücke, ver-weist auf seine bisherigen Erfolge und Auszeichnungen, führt Bayeus Gegnerschaft auf rein persönliche Gründe zurück und verlangt auf seine Kosten ein Schiedsgericht aus Mitgliedern der Madrider Akademie, das entscheiden solle, ob seine Arbeit den seinerzeit gebilligten Entwürfen entspreche oder nicht. Daß ein Ausgleich der Gegensätze stattfand, hatte Goya seinem gutmütigen Freunde, dem Kartäusermönch Felix Salcedo, zu danken. In einem Briefe vom 30. März, der ein wahres Denkmal menschlicher Herzlichkeit ist, ermahnte der würdige Priester den Künstler zu christlicher Demut und Versöhnlichkeit, indem er ihm mit rührenden Worten auseinandersetzt, warum Goya ruhig dem Wunsche des Kapitels nachgeben könne, ohne bei seinem unbestrittenen großen Talente an Ehre einzubüßen, und wie ein solcher Schritt auch günstig auf das Verhältnis zu Bayeu ein-wirken müsse, der doch sein naher Verwandter sei und ihm seine Schwester anvertraut habe. Die Folge war, daß Goya das Kapitel um Verzeihung bat und seine Arbeit fortsetzte. Die neuen Entwürfe für die Zwickelfelder wurden in einigen geringfügigen Punkten abgeändert und fanden nunmehr sowohl Bayeus Billigung wie die Zustimmung der Kirchenverwaltung. Schon nach zwei Monaten entstanden jedoch neue Mißhellig-keiten, die zum offenen Bruche führten. In tiefer Gereiztheit wandte Goya Zaragoza den Rücken. Noch lange bäumte sich in seiner Seele der Zorn über die ihm nach seiner Meinung widerfahrene Unbill auf, für die er den Schwager verantwortlich machte, und es dauerte lange, bis der unerquickliche Zwist mit den Bayeus, der wahrscheinlich durch Josefas berechtigte Klagen immer neue Anregung erhielt, endgültig begraben wurde.

Die Heimat hat Goya erst 1790 wieder gesehen.

Die Geschichte der Pilarfresken ist von Interesse, weil sie Einblicke in Goyas Familienleben und seinen Charakter gewährt, in dem sich allezeit Künstlerstolz und Ehr-geiz mit einem guten Teil Hartköpfigkeit und zorniger Leidenschaft paarten. Aber die künstlerische Bedeutung der Malereien ist nur gering. Der Gesamteindruck ist zwar im wesentlichen günstig, man wird sogar noch mehr an Tiepolo erinnert, als bei den Fresken von 1771, weil die Farben hier noch leuchtender ineinanderglühen, aber in der Geschicklichkeit der Mache, in der Gruppierung und der dekorativen Wirkung stehen ihnen die Malereien der anderen Kuppelgewölbe kaum nach. Ohne Zweifel hat Goya dem Geschmacke seiner Rivalen Rechnung getragen, so daß man Bayeus ablehnende Haltung

Die Gemahlin des Kunstschriftstellers Bermudez. Im Besitz des Marqués de Casa Torres zu Madrid. Nach einer Originalphotographie von Franz Hanfstaengl in München. (Zu Seite 59.)

Abb. 35. Das Irrenhaus. Um 1793. Madrid, Kunstakademie von San Fernando.
Nach einer Originalphotographie von J. Laurent & Cie., Madrid. (Zu Seite 42.)

50

nicht recht versteht und geneigt ist, ihren Grund tatsächlich mehr in persönlicher Mißstimmung als auf künstlerischem Gebiete zu suchen. Die Gestalten der Goya-Kuppel:
die Heiligen, Märtyrer, Propheten und Engel, die auf Wolkenballen die Maria in der
Glorie umschweben, und die Allegorien der christlichen Tugenden sind genau so konven-
tionell gehalten, wie die Kompositionen der Mengs-Schüler. Nur hie und da ist eine
Spur der naturalistischen Anschauung zu bemerken, die wir auf Goyas späteren Kirchen-
malereien finden. Ernstlich
zu fesseln vermögen die Fresken nicht; sie wirken kalt und
frostig, trotz aller Farben-
verschwendung und trotz der
Überfülle von Gestalten.
Übrigens hat Goya das
Mißlingen solcher Aufgaben
sicherlich selbst gefühlt, und
zu seiner Entschuldigung muß
man anführen, daß er hier
bei den geschilderten unbe-
haglichen Verhältnissen ohne
Frage mit Unlust gearbeitet
hat. Schon die bloße Ge-
meinschaftlichkeit mit anders
gesinnten Genossen und die
gebotene Rücksicht auf die
Wünsche der Besteller wirkten
störend. Überall, wo Goya
sich innerhalb gesteckter Grenzen zu halten hatte, wo seine
realistische Grundlage zu kurz
kam, hat er versagt. Ideale
Schöpfungen lagen ihm nicht,
und der Zwang war ihm in
der Seele zuwider.

Die gleiche Beobachtung
wiederholt sich in der „Pre-
digt des Heiligen Bernhardin
von Siena", mit der Goya
im Sommer 1781 für die
neuerbaute Kathedrale San
Francisco el Grande
in Madrid beauftragt wurde.
Der Hof hatte die gesamte
bessere Künstlerschaft der
Hauptstadt berufen, an der
Ausschmückung der Schloß-
kirche mitzuwirken. Goya

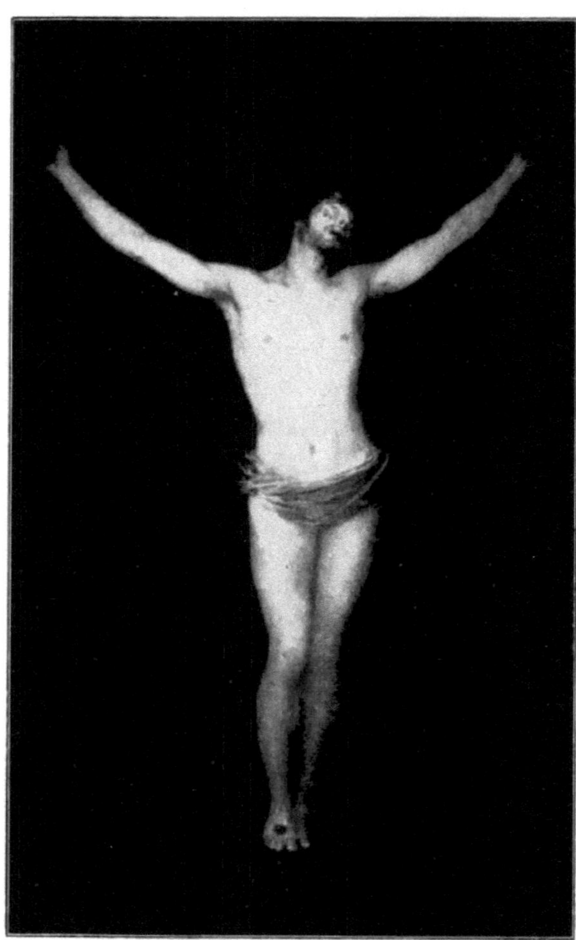

Abb. 36. Christus am Kreuz. 1781. Madrid, Pradomuseum.
(Zu Seite 50.)

nahm sein ganzes Talent zusammen; nach den Erfahrungen von Zaragoza trieb ihn
der Ehrgeiz doppelt, über alle anderen zu triumphieren. Der Erfolg ließ aber lange
auf sich warten; durch den Umfang der vergebenen Arbeiten verzögerte sich deren ge-
meinsame Enthüllung bis Ende 1784.

Inzwischen malt Goya einen Christus am Kreuze, der später gleichfalls in die
Franziskanerkirche kam und sich heute im Pradomuseum befindet (Abb. 36). Dieses Werk
verdient die höchste Anerkennung. Es ist nach dem bekannten Christusbilde, das Velasquez
1638 für das Kloster San Placido lieferte (jetzt im Prado), vielleicht der beste Akt

der gesamten spanischen Malerei und sicherlich auch eins der ersten Meisterwerke von Goyas Hand. Ein französischer Kunstforscher hat bemerkt, daß an diesem superben Stück alles ersten Ranges sei, und in der Tat verbindet Goya auf diesem Bilde eine bei ihm seltene Reinheit der Zeichnung, eine sichere und feine Modellierung, ein schönes, warmes Kolorit mit einer bis in die letzten Teile tadellosen Ausführung. Es ist nicht unwahrscheinlich, daß die Schöpfung des Velasquez als Vorbild gedient hat. Das un= durchdringliche Schwarz, aus dem sich die Gestalt des Heilands in strahlendem Glanze heraushebt, die Stel=
lung der Füße, die nicht gekreuzt, son= dern nebeneinander an den Stamm genagelt sind, und manche Ein= zelheiten der Formen bilden Berührungs= punkte, denen freilich auch Verschiedenheiten gegenüberstehen. In unendlichem Schmerz ist bei Goya das Haupt an das Kreuz zurückgelehnt, wäh= rend es bei Velas= quez, halb von dem herabwallenden Haar bedeckt, tief nach vorn gesunken ist. Hier ist das Kreuz, das Ve= lasquez mit allen Feinheiten der Ma= serung gezeichnet hat, in das Schwarz des Hintergrundes ge= taucht, so daß nur der entseelte Körper aus den Schatten herausleuchtet. Trotz aller Naturtreue zeigt das Bild nicht eine Spur von Roheit, zu der das Motiv so leicht verführt, es atmet völligen Idea= lismus. Dadurch ge= winnt das Bild er=

Abb. 37. Goyas Schwager, der Hofmaler D. Francisco Bayeu. 1786. Madrid, Pradomuseum.
Nach einer Originalphotographie von J. Laurent & Cie., Madrid. (Zu Seite 58.)

höhtes Interesse: hier hat anscheinend echte religiöse Empfindung nach ergreifendem, bis in die tiefsten Tiefen der Seele gehenden Ausdruck gerungen.

Weniger günstig muß das Altarbild des Heiligen Bernhardin beurteilt werden. Es ist eine Riesenleinwand von drei Meter Breite und nahezu fünf Meter Höhe, etwa doppelt so groß wie der Christus. Bernhardin, eine hagere Gestalt in Mönchskutte, steht, das Kruzifix in der Linken, die Rechte lebhaft erhoben und ausgestreckt, predigend in anmutiger Hügellandschaft zwischen Bäumen auf einem Felsblock. Um den Heiligen sind König Alfons von Aragonien und sein Gefolge geschart, die aufmerksam und tiefbewegt seinen Worten lauschen. Einem Edelmann in der Gruppe zur Rechten hat der Künstler

Abb. 38.   Da. Maria Josefa, Condesa Duquesa de Benavente y Osuna (die Herzogin von Osuna).   1785.
Madrid, Gustav Bauer.   (Zu Seite 59.)

die eigenen Züge gegeben.   Leider wird der sympathische Eindruck, den der landschaftliche
Hintergrund und der Ernst der Handlung hervorrufen, durch Nachlässigkeiten in der
Zeichnung und Farbenharmonie gestört.   Noch empfindlicher wirkt der Mißklang zwischen
dem Bild und der umgebenden schweren Architektur.

Abb. 39. D. Pedro Tellez Giron y Pacheco, Marqués de Penafiel, Duque de Osuna (der Herzog von Osuna). 1785.
Madrid, D. Aureliano de Beruete. (Zu Seite 59.)

Aber das damalige Madrid dachte nicht so streng wie der Kritiker von heute. Als der König im Dezember 1784, vom ganzen Hofe umgeben, in der feierlichsten Weise die Einweihung der Kirche vornahm, zeigte sich, wie die Hüllen von den Malereien weggenommen wurden, daß Goya in dem Wettstreit den Sieg davongetragen hatte.

Wenn auch dieser Triumph lediglich der Mittelmäßigkeit der übrigen Leistungen zu danken war, so hatte er doch für Goya große Bedeutung, zunächst die, daß sich naturgemäß sein angeborenes, aber durch die Vorgänge von Zaragoza, anscheinend auch durch Intrigen der Kunstgenossen und durch körperliche Beschwerden erschüttertes Selbstbewußtsein daran aufrichtete, und weiter auch insofern, als er kurze Zeit darauf, im Mai 1785, zum leitenden Direktor der Kunstakademie aufrückte und im folgenden Jahre auch die längst ersehnte Ernennung zum „Maler des Königs" mit 15 000 Realen Gehalt erhielt. Das alles ging nicht ohne Mißstimmung in den Madrider Künstlerkreisen vor sich, die keineswegs bloß durch den Neid auf den Glücklichen hervorgerufen war, sondern in Goyas unabänderlicher Eigenliebe, in seiner ewigen Spottsucht und bissigen Kritik immer neue Nahrung fand.

*   *

*

Inzwischen war Goya schon mehrfach als Porträtist hervorgetreten. Die ersten nachweisbaren Bildnisse gehen noch in die siebziger Jahre zurück, waren aber nur vereinzelte Erscheinungen. Einen größeren Aufschwung nahm diese Art der Tätigkeit erst 1783, wo Goya das Glück hatte, die Wertschätzung des Infanten Don Luis zu gewinnen und von diesem mit zahlreichen Porträtaufträgen bedacht zu werden. Die Verbindung war von dem Architekten Rodriguez vermittelt worden, der einerseits aus künstlerischen Beziehungen dem Prinzen nahe stand und anderseits als Bauleiter der Kathedrale von Zaragoza, wie der Franziskanerkirche zu Madrid Gelegenheit gehabt

Abb. 40. König Karl IV. von Spanien als Jäger. 1790. Neapel, Schloß Capodimonte. (Zu Seite 70.)

hatte, Goyas Talent zu würdigen. Der Infant, ein Bruder des Königs, hatte sich einige Jahre vorher mit einer Dame des spanischen Adels, Da. Maria Teresa de Villabriga, Gräfin von Chinchon, vermählt und führte, sich dem Hofleben fernhaltend, mit seiner jungen, hübschen Gattin auf dem Schlosse Arenas de San Pedro in der Provinz Avila ein beschauliches, den Künsten und Wissenschaften gewidmetes Dasein. Goya verweilte dort als Gast mehrere Wochen im Sommer 1783 und folgte einer neuen Einladung des Prinzen im Sommer des folgenden Jahres. Während dieses wiederholten Aufenthaltes entstanden etwa fünfzehn Familienporträts und eine Reihe von Bildnissen hochgestellter Persönlichkeiten, die auf dem gastfreien Schlosse zu verkehren pflegten. Unter den ersteren ist namentlich ein großes Repräsentationsstück (2,48 : 3,15) zu erwähnen, weniger seines künstlerischen Wertes als der merkwürdigen Komposition wegen: sie umfaßt nicht weniger als 14 Personen, von dem fürstlichen Paare und seinen drei Kindern bis zur Amme, zu den Zofen und Dienern. Dargestellt ist das Toilettenzimmer der Gräfin, die mit dem Gatten Karte spielt, während ihr das Haar geordnet und seitlich das Frühstück serviert wird. Zur Linken sitzt der Maler selbst, die Palette in der Hand, auf dem Dreibein vor der Staffelei. Zwei kleinere Porträts sind deshalb bemerkenswert, weil hier Goya, im Stolz auf seine Leistung, der Namensinschrift und dem Datum Angaben über die Arbeitszeit beigefügt hat; das eine, die Gräfin, ist danach in einer Stunde, das andere, der kleine Don Luis, spätere Erzbischof von Toledo, in drei Stunden gemalt. Die ganze Sammlung ging später in den Besitz der Chinchons über und befindet sich heute auf deren Schlosse Boadilla del Monte unweit Madrid. Einige Porträts, die nicht zu den Familienbildern gehören, wie der General Ricardos und der Admiral Mazarredo, sind indessen neuerdings veräußert worden und in Madrider Privatsammlungen gekommen.

Noch wertvoller als die freundliche Gesinnung des liebens

Abb. 41. Marie Luise von Parma, Gemahlin König Karls IV. von Spanien. 1790. Capodimonte zu Neapel.
Nach einer Originalphotographie von J. Laurent & Cie., Madrid. (Zu Seite 70.)

würdigen Infanten war für Goya die Auszeichnung, die ihm vor dem gesamten Hofstaate bei der Einweihung der Franziskanerkirche von seiten des Königs widerfahren war. „Se. Majestät ist ganz närrisch in Deinen Goya", hatte er hocherfreut unmittelbar nach dem Eindruck des großen Ereignisses nach Zaragoza geschrieben, und es war keine Übertreibung. Bald darauf saß der König ihm zum Porträt, eine Ehre, die nach alter Tradition sonst nur den Hofmalern zuteil wurde. Goyas Bild, das sich heute im Prado befindet, ist das beste, das wir von Karl III. besitzen. Selbst ein eifriger Jäger, der den Infanten auf manchen einsamen Streifen hatte begleiten dürfen, hat Goya den König auf der Jagd dargestellt, wie er im frühen Morgenlicht, auf die Büchse gelehnt, den Lieblingshund zur Seite, ungezwungen in reizvoller Landschaft steht, in der man die Umgebung

Abb. 42. Königin Marie Luise von Spanien. 1789. Madrid, Pradomuseum. (Zu Seite 71.)

des Escorial mit den Höhenzügen der Guadarrama im Hintergrund erkennt. Eine schlichte, hohe, schmächtige Gestalt, im einfachen Jagdkostüm, genau wie es der Herzog von Fernan-Nuñez in seinen Memoiren beschrieben hat, von dunkler, gebräunter Gesichtsfarbe — einer Folge der Jagdleidenschaft und des beständigen Aufenthaltes in freier Natur, ein Greis mit durchfurchten Zügen und ruhig blickenden Augen voller Milde und Güte, wie sie die Regierung dieses Königs kennzeichnen. Einige Jahre später, 1787, hat Goya Karl III. nochmals porträtiert, wieder in Lebensgröße, aber in Hoftracht, wahrscheinlich für die damals gegründete Bank von Spanien, in der sich das Bild noch heute befindet.

In diesen Jahren entstanden noch eine Reihe weiterer Bildnisse, die hier nur zum Teil vermerkt werden können. Es sind Zeremonienstücke und einfache Porträts in

Abb. 43. König Karl IV. von Spanien. 1789. Madrid, Pradomuseum. (Zu Seite 72.)

allen Größen und von verschiedenem Wert. Dreimal malte Goya den Grafen Florida=
Blanca, der seit 1777 den ersten Ministerposten einnahm. Auf einem dieser Bilder
(Madrid, Marquesa de Martorell) hat sich Goya selbst neben dem Grafen dargestellt,
wie er diesem ein Bild überreicht. Der ewig mit Schulden würgende Staatsmann ersetzte
die Barzahlung durch verdoppelte Liebenswürdigkeit, stundenlanges Plaudern und Für=
sprache in maßgebenden Kreisen. So saßen Goya auch Florida=Blancas Freunde und Ver=
traute, die Minister Graf Campomanes und Graf Cabarrus (1788); der Graf Gausa; der
Herzog von Fernan=Nuñez, der Gesandte in Paris; Gaspar de Jovellanos (Abb. 56), der
bedeutendste Schriftsteller Spaniens im achtzehnten Jahrhundert und spätere Staatsmann.
Ferner die Vertreter der Hochfinanz, die sich um die Bank von Spanien gruppierte.
Endlich eine Anzahl bedeutender Künstler: der Architekt Villanueva (ein Meisterwerk
der Charakteristik); sein alter Gönner, der Architekt Ventura Rodriguez; Cornelius
van der Goten, der Direktor der Teppichfabrik (1782), und der Kupferstecher Carmona.

Keins aber von allen diesen Bildnissen erweckt soviel persönliches Interesse und steht gleichzeitig künstlerisch auf so hoher Stufe, wie die beiden 1786 gemalten Porträts Francisco Bayeus. Nach langen Jahren der Bitterkeit hatte endlich zwischen den beiden Schwägern eine Aussöhnung stattgefunden, die durch diese Bildnisse besiegelt werden sollte. Bayeu war es gewesen, der die Beilegung des unglücklichen Familienzwistes durch eine uneigennützige Tat gefördert hatte. Als die Teppichfabrik über den Mangel an dauernd zur Verfügung stehenden Künstlern klagte, hatte Bayeu als erster Hofmaler in einem Gutachten empfohlen, zwei leitende Maler mit Jahresgehältern anzustellen, und für diesen Posten neben Ramon Bayeu den Schwager in Vorschlag gebracht. Die bald darauf erfolgende Ernennung hatte Goya in letzter Linie Bayeu zu danken, dem er auch

Abb. 44. Die Familie König Karls IV. 1800. Madrid, Pradomuseum. (Zu Seite 72.)

bald nachher einen Besuch abstattete. Beide Bildnisse sind charakteristische Beispiele von Goyas Porträtkunst und gehören zu seinen trefflichsten Werken. Das Gesicht ist mit seltener Sorgfalt gemalt, wie sie nur ein gutwilliger Freund und ein liebevoll geführter Pinsel ermöglicht, nur das Nebensächliche ist breiter behandelt, um den Kopf desto wirksamer hervortreten zu lassen. Auf dem Bildnisse, das hier wiedergegeben wird (Abb. 37), sitzt der Hauptvertreter der akademischen Richtung, ein Mann von fünfzig Jahren mit sympathischen Zügen und schlichtgescheiteltem Haar, in der Rechten den Pinsel im geblümten Lehnstuhl, mit einfachem Rock bekleidet, die ruhig blickenden Augen mit weit herabgesenkten Lidern auf den Beschauer gerichtet. Die Darstellung der äußeren Erscheinung ist in einem Maße gelungen, daß uns das Porträt schon beim ersten Anblick fast wie etwas längst Gewohntes erscheint. Und dieselbe schlichtbürgerliche, feine, durchdringende Auffassung äußert sich auch in der Farbe. Das Bild ist nur mit wenigen Tönen gemalt. Das silbergraue Gewand, das gebleichte Haar, die matte Haut, der verblaßte Stoff des Stuhles bilden auf dem dunklen Hintergrund einen gedämpften Farbenakkord.

Verhältnismäßig selten sind in dieser Periode die Frauenbildnisse. Vermutlich gehört hierher das Porträt der Gattin des Kunstschriftstellers Céan Bermudez, mit dem Goya freundschaftlichen Verkehr unterhielt: ein wundervolles Stück Malerei, das in der feinen Ausführung und in der lebendigen Charakterisierung der zierlichen, elegant gekleideten Dame unbedingt zu Goyas schönsten Schöpfungen zählt (Abb. zwischen S. 48 u. 49).

Mit Sicherheit läßt sich in das Jahr 1785 das Porträt der Herzogin von Osuna (Abb. 38) setzen, mit dem eine für Goya außerordentlich wertvolle und bedeutsame Verbindung eingeleitet wurde. Ich habe das Bild nicht gesehen, ebensowenig das gleichzeitig gemalte Gegenstück ihres Gatten (Abb. 39): die beiden Kniebilder wurden 1896 bei der Auflösung der Osunaschen Sammlung veräußert und sind auf dem Wege des Kunsthandels wahrscheinlich in Privatbesitz gekommen. Val. v. Logas Schilderungen entnehme ich aber, daß der Herzog, eine saubere, wohlgenährte Gestalt mit gepudertem Haar, sich in violettem Frack aus tiefblauem Hintergrund ablöst, während die Gemahlin, eine Dame von schlanken, zarten Formen,

Abb. 45. König Karl IV. von Spanien. Studie. 1799.
Im Besitz der Comtesse de Paris.
Nach einer Originalphotographie von J. Laurent & Cie., Madrid. (Zu Seite 74.)

in duftigem, hellblauen Marie Antoinette-Kleid vor einer lichtgrünen Wand steht.

*   *   *

Nebenher entstanden in der zweiten Hälfte der achtziger Jahre noch eine Reihe Tafelbilder religiösen Inhalts, von denen nur die um 1788 für die Kathedrale von Toledo gemalte Gefangennahme Christi Erwähnung verdient. Wenn die Zeit der Entstehung nicht beglaubigt wäre, würde man dieses merkwürdige Bild wegen seiner an Rembrandt erinnernden Lichtführung einer späteren Periode zuweisen. Wahrscheinlich war das Bild für denselben dunklen Platz in der Sakristei bestimmt, in der es noch heute hängt, der Beleuchtungseffekt also berechnet. Christus und zwei Kriegsknechte, die ihn ergreifen wollen, sind in helles Licht getaucht, während die übrigen Gestalten, auch der im Vordergrund stehende Verräter, sich kaum von dem Dunkel des Sternenhimmels abheben. Ich vermag die Begeisterung, die das Bild vielfach geweckt hat, nicht zu teilen. Der Kopf und die Gestalt Christi ist edel gedacht, aber die andern überlebensgroßen Figuren sind überaus derb und roh und schon deshalb sicher nicht die Porträtdarstellungen von Madrider Künstlern, die in ihnen vermutet werden. So interessant das Bild malerisch und kunstgeschichtlich ist, so wenig befriedigt es gegenständlich. Jedenfalls ist der Dominico Theotocopuli-Greco, der mit Goyas „Gefangennahme" den Aufenthalt in dem dunklen Raume teilt, trotz seiner Herbheit eine koloristisch und kompositionell weit höhere Leistung.

* * *

Karls III. Tod, der am 14. Dezember 1788 eintrat, kann als Abschluß von Goyas erster Periode gelten. Werfen wir einen Rückblick auf die Zeit seit der Heimkehr aus Italien, welch ein Umschwung gegen die wilden Jahre der Jugend! Aus dem wüsten „Landstreicherleben", wie es Goya selbst in einer Stunde besserer Erkenntnis — in einem Briefe an Zapaters Schwester vom November 1782 — genannt hat, ist ein Leben emsigen, beinahe fieberhaften Fleißes geworden. In den siebzehn Jahren hat Goya in ununterbrochener Tätigkeit eine ungeheure Arbeitskraft entfaltet, die — oft gleichzeitig — den verschiedensten Gebieten galt: er hat eine stattliche Reihe von Entwürfen für die Teppichfabrik geliefert, hat in einer Menge von Ölbildern das Volksleben geschildert und viele Studien zu gleichen Bildern der Zukunft gemalt, hat die Kathedrale von Zaragoza und das Kartäuserkloster am Ebro mit weiträumigen Fresken geschmückt und ein Dutzend Kirchenbilder und Altarstücke, zum Teil von großer Ausdehnung, ge-

Abb. 46. Königin Marie Luise. Studie. 1799.
Im Besitz der Comtesse de Paris. (Zu Seite 74.)

schaffen, hat in zahlreichen Porträts ein Bild von dem politischen, gesellschaftlichen, künstlerischen und geistigen Treiben der Hauptstadt gegeben und endlich, wie wir noch sehen werden, auch schon die ersten Versuche mit der Radiernadel gemacht. Sein Name als Künstler hatte sich mit den Jahren ein Ansehen erworben, wie es Spanien seit Murillos Tagen nicht wieder erlebt hatte. Die Akademie hat ihn durch die Mitgliedschaft und dann durch die Übertragung des Direktorpostens, der König durch die Ernennung zum Hofmaler geehrt. Noch ist sein Leben von Tollheiten und Leidenschaften erfüllt, die hin und wieder zu Zwistigkeiten in seiner Häuslichkeit führen, aber äußerlich hat seine Stellung einen glänzenden Zug angenommen. Er, der Bauernsohn aus dem stillen Dorfe fern in der Provinz, ist in die vornehmen Kreise der

Abb. 47. Prinzessin Isabella von Spanien, spätere Königin von Neapel. Studie. 1799.
Im Besitz der Comtesse de Paris.
Nach einer Originalphotographie von J. Laurent & Cie., Madrid   (Zu Seite 74.)

Hauptstadt eingeführt und hat Fühlung mit dem Hofe gewonnen. Er hat den König
malen dürfen, hat die Zuneigung eines Prinzen vom königlichen Hause erworben, Staatsmänner und Granden aus den ersten Geschlechtern des Landes haben ihm gesessen und
würdigen ihn vertrauter Gespräche.

Ueber Wirtschaftssorgen, wie sie den Anfang seiner Laufbahn und seiner Ehe ver-
düstert hatten, war Goya längst hinaus. So bedeutende materielle Erfolge hatte lange
kein spanischer Künstler gehabt. Die ersten dreißig Teppichkartons, eine Arbeit von nur

Abb. 48. Sogen. Allegorie auf die Vergänglichkeit.
Studie zu dem Bilde im Museum zu Lille. 1801. Madrid, Marqués de la Torrecilla.
(Zu Seite 74)

zweieinhalb Jahren (1776—1779), die noch dazu nicht einmal seine ganze Kraft in Anspruch nahm, hatten dem jungen Künstler nicht weniger als 114 000 Realen*) eingebracht. Die fünfzehn Bildnisse, die Goya 1783 und 1784 in wenigen Monaten auf dem Schlosse San Pedro malte, hatte der Infant mit 50 000 Realen und außerdem noch mit freier, bequemer Reise und mit einem kostbaren Brokatkleid für Da. Josefa honoriert. Für die Fresken in Zaragoza (1771 und 1780/81) hatte er 20 500 und für die Bernhardinpredigt in San Francisco el Grande 10 000 Realen erhalten. Die sieben Sittenmalereien, die er im April 1787 für das Landhaus des Herzogs von Osuna lieferte, Bilder von mäßigem Umfang (1,60 : 1,35), waren mit je 2500—4000, im ganzen mit etwa 24 000 Realen bezahlt worden. Die Direktorstellung an der Akademie trug nicht viel ein, 25 Dublonen war das Ganze. Seit er aber Hofmaler (1786) geworden, war an Stelle der Abschätzung der einzelnen Teppichkartons ein fester Jahresgehalt von 15 000 Realen getreten. Wenige Wochen nachher, am 7. Juli 1786, konnte er Zapater gegenüber mit Befriedigung sein Jahreseinkommen auf 28 000 Realen beziffern, eine Summe, die aber in den folgenden Jahren noch eine wesentliche Steigerung durch die zahlreichen Porträtaufträge erfuhr, deren Einnahmen zwischen 2000 und 4500 Realen schwankten. Kein Wunder, daß Goya als sparsame Bauernnatur schon frühzeitig anfing, ein kleines Vermögen in Bankaktien zurückzulegen.

---

*) Der spanische Real ist etwa 0,2 Mk., wobei man aber den höheren Geldwert der damaligen Zeit in Rechnung zu ziehen hat.

*   *   *

Mit Karls IV. Thronbesteigung beginnt die schmählichste Epoche spanischer Geschichte und zugleich die Zeit, wo Goyas Kunstentwicklung in die Reife tritt. Sein Leben und Schaffen ist während der folgenden zwanzig Jahre mit den elenden Verhältnissen des Madrider Hofes und den traurigen politischen Geschicken, die mit ihnen über das arme Land hereinbrachen, so eng verknüpft, daß deren Schilderung nicht umgangen werden kann. Ohne Kenntnis dieser Dinge wäre weder der Mensch noch der Künstler richtig zu verstehen. Hier muß freilich eine kurze Skizzierung genügen und im übrigen auf die Geschichtswerke verwiesen werden.

König Karl IV. war eine gutmütige Natur, aber ohne alle Geistesgaben, ganz der Typus „jener unfähigen Fürsten, welche in gewöhnlichen Zeiten häufig die Liebe ihrer Untertanen genießen, während sie unter schwierigen Umständen das Unglück ihrer Völker werden". Bei grobem Körperbau und ungewöhnlicher Kraft derb und gewalttätig, hatte er in den vierzig Jahren, die hinter ihm lagen, nie etwas Ernstliches getrieben. Über dem frühen Tod der Mutter und der Nachsicht des Vaters war jede Erziehung versäumt worden. Pflichtgefühl und politisches Verständnis gingen ihm völlig ab, das reformfreundliche und kulturfördernde Streben Karls III. lag ihm fern. Wie er noch in den letzten Kronprinzenjahren seine Zeit ausschließlich mit körperlichen Vergnügungen ausgefüllt und die Staatsgeschäfte sorglich gemieden hatte, so kannte auch der König nur eine Beschäftigung: die Jagd. Was von seinem Privatleben erzählt wird, läßt einen erstaunlichen Mangel fürstlicher Auffassung erkennen. Jeder Willenskraft bar, hat er nicht den geringsten Einfluß auf den Gang der Ereignisse, ist er der Spielball einer sittenlosen Umgebung, die seine Schwächen schlau benutzt, ein beispielloser Trottel, der im eigenen Hause nicht Herr ist und keine Ahnung von dem hat, was um ihn vorgeht.

Die Königin, Marie Luise von Parma, ist eine der abstoßendsten Gestalten der Weltgeschichte. Eine Messalina in spanischer Ausgabe, ohne jedes Gefühl für Frauenehre und königliche Würde. Herrschsucht, Verschwendungslust und wilde Sinnengier sind die Hauptzüge ihres Charakters. Für die Befriedigung ihrer Leidenschaften ist ihr kein Mittel zu niedrig. Der König ist ganz in ihrer Hand, die folgenschwersten Entschlüsse lockt sie ihm ab, ohne auf Widerstand zu stoßen. Und diese Herrschsucht, die nie ein edles Ziel gekannt, hat

Abb. 49. Die Herzogin von Alba. 1795. Madrid, Palacio de Liria. (Zu Seite 78.)

um so schlimmere Folgen, als sie, wie so oft bei solchen Naturen, mit geistiger Begabung und Energie gepaart ist. Die revolutionären Gewitterstürme jenseits der Pyrenäen, die Schicksale der königlichen Familie in Frankreich, die das ganze spanische Volk in der wundersamsten Weise erregen, schrecken sie nicht im mindesten, bleiben ohne Eindruck auf ihr Gebaren.

Abb. 50. Goya und die Herzogin von Alba. 1793
Madrid, Marqués de la Romana. (Zu Seite 81.)

Zwischen König und Königin steht ein Günstling, der über beide alles vermag: über den König, weil dieser ein Schwachkopf ist, über die Königin, weil sie nur ihre Begierden kennt. Don Manuel Godoy ist der eigentliche Machthaber im Staate von 1789 bis 1808, durch die ganze Regierungszeit Karls IV. hindurch. Ein ehemaliger Gardeoffizier aus verarmter Adelsfamilie, dessen Strammheit und Schneidigkeit Da. Maria schon in die Augen gestochen hatte, als sie noch Prinzessin von Asturien war. Karl III.

Die bekleidete Maja. 1799. Madrid, Pradomuseum. (Zu Seite 83.)

Madrid, Prado-Museum   (Zu Seite 83)

hatte die Schande der Schwiegertochter noch erlebt und ihretwegen schon einen andern
Leibgardisten, Manuels Bruder, vom Hofe verwiesen. Kaum hat er die Augen geschlossen,
so zeigt sich, daß der neue König „nichts, die Königin alles“ ist. Ohne ihre persönlichen Interessen von denen des Landes zu trennen, verfolgt sie rücksichtslos nur das
eine Ziel, Godoy samt seinem Anhange zu Macht und Reichtum zu erheben. Der
biedere Florida-Blanca widersetzt sich diesen Plänen, deckt dem König die Situation auf
und verlangt die Entfernung des Günstlings, der mit seiner Prunksucht die Staatskasse
leert, durch Ämterschacher die Behörden mit unfähigen Subjekten anfüllt und sich an-
schickt, über den König hinweg die Regierung zu führen. Aber der Minister hatte das
herrische Wesen der Königin unterschätzt und die Einsicht und moralische Kraft des Königs
überschätzt. Die Königin inszeniert Weinkrämpfe und Ohnmachten, mit dem Erfolge,
daß der Mann, der fünfzehn Jahre das Staatsruder geleitet, dessen Beibehaltung
Karl III. noch sterbend dem Sohne ans Herz gelegt hatte, nachts aus dem Bett geholt

Abb. 51 u. 52. Szenen aus dem Hause der Herzogin von Alba. 1795.
Im Besitz der Da. Carmen Berganza de Martin zu Madrid. (Zu Seite 82.)

und in den Kerker geworfen wird, um dann in der Verbannung zu sterben. Wie
Florida-Blanca werden auch andere unbequeme Staatsmänner beseitigt, ihre Posten mit
gewissenlosen Werkzeugen der Königin besetzt, und nun steigt Godoy rasch von Stufe zu
Stufe. Der König als getreuer Vollstrecker der Wünsche seiner Gemahlin verleiht ihm
eine Auszeichnung nach der andern. Er kann ohne den „Guten“ ebensowenig leben
wie die Königin. Noch im selben Jahre wird Godoy binnen weniger Monate General,
Staatsrat, Minister, Ritter des goldenen Vließes, Marquis, Herzog. Im Jahre 1795
folgt nach dem Abschluß des Friedens mit Frankreich der Titel des Friedensfürsten
(Principe de la Paz), 1797 heiratet er auf Betreiben der Königin des Königs Cousine
Maria Teresa, des Prinzen Don Luis Tochter, 1800 wird er Generalissimus der ganzen
Land- und Seemacht mit eigner Leibwache, 1802 Hoheit und Großadmiral von Spanien
und Indien. Vergeblich erhebt sich wiederholt Mißstimmung im Lande, und vergeblich
wird in jedem Dorfe die Frage gestellt, wer denn dieser Mann sei, und was für Ver-
dienste er habe, der solche Stellungen bekleide, eine Frage, auf die es nur eine Antwort
gab: er ist der Geliebte der Königin (Baumgarten 40 ff.). Nicht der erste, nicht der

letzte, wie sie auch nicht seine einzige war. Es ist schmachvoll und bezeichnend für die moralische Verfassung dieser Menschen, daß das Verhältnis auch da nicht ein Ende nahm, als die schöne, liebenswürdige Maria Teresa Jugend und Glück hatte opfern müssen.

Karl III. hatte an seinem Hofe auf Zucht und Ordnung gehalten, seine Strenggläubigkeit, sein sittlicher Ernst und seine Treue im Gedenken an die frühverlorene Gemahlin hatte eine Umgebung geschaffen, die an die habsburgischen Zeiten erinnerte. Während die Höfe Europas mit wenigen Ausnahmen ihre Zeit mit Lustbarkeiten vertändelten, in der Weise, wie der vierzehnte Ludwig das Jahrhundert eingeleitet hatte, gewährt der spanische Hof Karls III. einen erfreulichen Anblick. Von warmer Liebe zum Volke beseelt, war der König unermüdlich besorgt, das Land aus der in den vorangegangenen Jahrhunderten eingerissenen Veröbung und Verarmung herauszubringen, die Kultur zu heben, den Verkehr zu erleichtern, die Verwaltung zu bessern, die Sicherheit zu fördern, mit dem alten Schlendrian der Finanzwirtschaft aufzuräumen. Wie die Herren, so die Diener. Im Madrid Karls III. ging es sehr ehrbar zu, der König duldete keine Ausschreitungen. Man kann sich denken, daß die Eigenschaften der neuen

Abb. 53. Ferdinand Guillemardet, der französische Gesandte. 1795. Paris, Louvre. (Zu Seite 84.)

Herren und der ekelhafte Roman, der sich in ihren Gemächern abspielt, einen vollständigen Umschwung des gesellschaftlichen Lebens zur Folge hatte. Das Beispiel des Hofes wirkt in erschreckender Weise. In die Grandenfamilien, die eben noch steife Etikette beobachtet haben, kommt plötzlich Leben und Bewegung, mit jedem Feste wächst die Vergnügungs- und Zerstreuungswut, und in unglaublich kurzer Zeit bietet Madrid ein Bild der Genußsucht, wie es kaum von einem andern Hofe des achtzehnten Jahrhunderts übertroffen worden ist. Und gelassen, halb blind, sieht der König diesem Treiben zu, wo der Ehebruch zur ständigen Erscheinung geworden ist, wo Herzoginnen und Marquisen mit der Königin in Zuchtlosigkeit um die Palme streiten, wo die

Abb. 54. Bildnis einer unbekannten Dame. Paris, Louvre. (Zu Seite 85.)

Skandale sich unverhüllt ans Tageslicht wagen, während jenseits der Berge ähnliche Sünden in Blut gebüßt werden.

In den Strudel dieses Hoflebens wurde Goya bald hineingezogen. Seine Beziehungen zu Karl und Marie Luise stammten von den Teppichen des Pardoschlosses

Abb. 55. Bildnis einer unbekannten Dame. Um 1799. Paris, Louvre.
Nach einer Originalphotographie von Braun, Clément & Cie. in Dornach i. E., Paris und New York. (Zu Seite 85.)

her. Während der König in ihm den Jäger und den Künstler schätzen mochte, der so aufmerksam gewesen war, seine Wohnung auch mit einer Jagdszene zu bedenken, hatte die Königin in Goya den Kavalier erkannt, dessen übersprudelnde Natur in der Atmosphäre ihres langweiligen Schwiegervaters nicht zum Austoben gekommen war. Schon wenige Monate nach Karls IV. Thronbesteigung, am 25. April 1789, wurde Goya zum Kammermaler ernannt.

Die königliche Familie hat ihren Hofmaler stark in Anspruch genommen. Einschließlich einer Reihe durchgeführter, bildartiger Studien sind nicht weniger als 55 Bildnisse vorhanden, zwar unterschiedlich an Wert, aber zum Teil so meisterlich behandelt, daß sie im Farbenreiz und in der Charakterisierung unwillkürlich die Er-

Abb. 56. Der Dichter und Staatsmann Gaspar Melchor de Jovellanos. Um 1788.
Madrid, Marquesa de Villamejor.
Nach einer Originalphotographie von J. Laurent & Cie., Madrid. (Zu Seite 57.)

innerung an die Königsbilder des Velasquez erwecken. Von dem Könige selbst haben sich etwa zwölf erhalten, aus der Zeit von 1790 bis 1800. Seine äußere Gestalt hat sich kaum verändert. Es ist überall dieselbe starke, etwas ungeschlachte, schwerfällige Figur mit gedrungenem Hals, derbknochigem Gesichtsbau, mit Fettansatz, groben, von geistiger Regung unbelebten Zügen, kräftigem Mund und Kinn, gutmütig, aber schlaff und beschränkt blickenden Augen. Nicht gerade unsympathisch, aber ohne eine Spur königlichen Wesens. Diesen Bildern gegenüber versteht man, daß dieser Mann ein Vergnügen darin fand, sich mit allem möglichen Gesindel zu raufen, um dann im Schloß vor den Hofleuten seine Heldentaten zu berichten, daß er fähig war, sich an seinen Ministern zu vergreifen, und daß er in späteren Tagen, wo ihm die gewohnte Bewegung versagt war, sich am liebsten in den Pferdeställen mit den Reitknechten unterhielt (Baumgarten 40 ff., v. Loga 63). In Capodimonte zu Neapel finden wir den König als Jäger in bewaldeter Berglandschaft unter einem Baum stehend, mit gescheckten Hund; er ist mit Hirschfänger und Flinte bewaffnet und trägt breiten Hut und einfachen, langschößigen Jagdrock mit königlichen Abzeichen (Abb. 40). Möglich, daß auch dieses Bild, das noch einmal für das Madrider Schloß wiederholt wurde (1790), wie das ähnliche Karls III., den Jagdbildern des Velasquez abgelauscht ist, von denen es sich namentlich mit dem im Prado befindlichen des Infanten Don Ferdinand von Österreich berührt.

Abb. 57. El Conde de Tepa. Madrid, Privatbesitz.
Nach einer Originalphotographie von J. Laurent & Cie., Madrid.

Andere Bilder zeigen den König in Hoftracht, Staatskleid oder Uniform.

Noch eindrucksvoller, mit unheimlicher Wahrheit gemalt, sind die Porträts der Königin. Auf dem Gegenstück zu ihres Gatten Jägerbild in Capodimonte und im Madrider Schloß sehen wir sie in hellem, kostbaren, quastenbehangenen Kleid mit Reiherstutz und turbanartig aufgebauter, weit herabfallender Mantilla (Abb. 41). Wie eine Dirne steht sie da in herausfordernder Haltung mit dem üppigen Busen, den nackten, fleischigen Armen, der unechten Haarfülle, den gierig stechenden Augen, über und über mit Schmuck beladen, den Fächer in der Rechten, ausgeschnitten bis an die äußerste Grenze. Oder das Reiterbild im

Abb. 58. Der Dichter D. Juan Antonio Meléndez Valdes. Bowes Museum, Barnard Castle.
Nach einer Originalphotographie von Franz Hanfstaengl in München. (Zu Seite 86.)

Prado (Abb. 42). In ein merkwürdiges Kostüm gezwängt, mit kurzen Rockschößen, galonnierten Aufschlägen, goldenen Knöpfen und hohem Militärkragen, sitzt Marie Luise, eine rote Kokarde am breitkrempigen Hut, die Taille festgeschnürt, das Haar tief in den Nacken fallend, mit knallrotem, wahrscheinlich geschminkten Gesicht und frechem, funkelnden Blick, selbstbewußt zurückgebeugt, mit Herrensattel reitend, auf feurigem Rappen mit geflochtener Mähne. Wieder eine Dirne und keine Königin. Die herrliche Malerei, deren

Abb. 59. Der Dichter D. Leandro Fernandez de Moratin. 1799.
Madrid, Kunstakademie von San Fernando.
Nach einer Originalphotographie von J. Laurent & Cie., Madrid.
(Zu Seite 86.)

weite, wellige Landschaft nicht ohne Reiz ist, entstand unmittelbar nach der Thronbesteigung: man sieht es der Königin an, wie froh sie ist, endlich freie Bahn zu haben. Auf dem Gegenstück zu diesem Bilde (Abb. 43) sehen wir den König, bleich, müde, trübe gelaunt, bemitleidenswert simpel aussehend, in Gardeuniform, auf einem robusten, scheckigen Andalusier: bezeichnenderweise nicht in heller Landschaft mit weithin klarer Ferne, wie die Gattin, sondern im Nebel trottend, der die Konturen der Umgebung kaum noch erkennen läßt.

Den gleichen Eindruck gewinnt man von der Königin aus sechzehn weiteren Bildnissen, wo sie in wechselnder, aber stets raffinierter Aufmachung, im Spitzenkleid, mit reichem Kopfputz oder in schwarzer Mantilla, meist stehend, einmal auch auf dem Diwan, erscheint, immer mit denselben abstoßend häßlichen, früh gealterten Zügen und demselben

Ausdruck zügelloser Genußsucht und skrupelloser Energie. Das ist das Weib, das, kaum den Kinderjahren entwachsen, abends heimlich den Palast verließ, um durch die Straßen zu schlendern, das schon als Kronprinzessin durch ihre Lebensführung Anstoß erregte und endlich als Königin mit ihren Liebschaften und ihrer Verschwendung Land und Dynastie ins Unglück stürzt. Auf dem Schlosse der Chinchons, in Boadilla del Monte, und noch einmal wiederholt in der Sammlung Beruete zu Madrid ist ein Bild, das sie in einer unglaublich aufgedonnerten Toilette zeigt. Man möchte eher an die Karikatur eines Witzblattes glauben als an das getreue Konterfei einer wirklichen Königin. Auf den falschen Locken sitzt ein phantastischer, hochgetürmter Hut mit unzähligen Bändern, Schleifen und Federn, während die Hände mit dem Fächer verschränkt im Schoße ruhen. Das Tollste aber ist ihre Gestalt auf dem großen Repräsentationsstücke, das Goya im Jahre 1800 von der ganzen königlichen Familie malte (Abb. 44). Marie Luise nimmt einen breiten Raum in der Mitte des Bildes ein, während die übrigen, selbst die älteren Mitglieder des Königshauses, dicht gedrängt an den Seiten stehen und zum Teil nur mit dem Kopfe sichtbar sind. Ohne einen Funken von Vornehmheit steht sie da „wie eine aufgeputzte Megäre, herrisch, mit dem Ausdruck unbeschreiblicher Impertinenz, gleich als wolle sie den Fluch ihres Landes herausfordern". Unermeßlicher Juwelenschmuck bedeckt den tiefentblößten Oberkörper, hängt weit an den Ohren herab und funkelt in Gestalt eines mächtigen Pfeiles in der wüst geformten Perücke. Sähe man vom Bilde bloß ihre nackten, feisten Arme, man wüßte genug. Mit demselben Realismus sind die andern Figuren gezeichnet. Da es sich zumeist um Persönlichkeiten handelt, die eine geſchichtliche Rolle geſpielt haben, dürften ihre Namen Intereſſe beanſpruchen. In der linken Gruppe dominiert das Kronprinzenpaar, der ſpätere König Ferdinand VII., damals ſiebzehn Jahre alt, und die ſchöne, in jungen Jahren (1806) verſtorbene Maria Antonia, Ferdinands IV. von Neapel Tochter, die ſich oſtentativ von dem verhaßten Gatten abwendet. Zwiſchen den beiden blickt die Schweſter des Königs durch, Maria Joſefa, deren häßliche Züge begreiflich machen, daß ihr niemand die Hand fürs Leben geboten hatte. Links von Don Fernando gewahrt man deſſen Bruder, den Infanten Don Carlos, der nach Ferdinands Tode 1833 bekanntlich Anſprüche auf den ſpaniſchen Thron erhob und als Haupt der Karliſtenpartei für Jahrzehnte den Bürgerkrieg herauf-beſchwor. Die Kinder zu ſeiten der Königin ſind die dreizehnjährige Infantin Maria Iſabella, die ſich wenige Jahre ſpäter mit dem Thronerben von Neapel vermählte, und der ſechsjährige Infant Francisco de Paula, der durch ſeinen Sohn, den König Franz von Aſſiſi, zum Ahnherrn der gegenwärtig regierenden Linie geworden iſt. Das Paar rechts vom König im Vordergrund iſt der Erbprinz Ludwig von Parma, dem im folgenden Jahre das von Napoleon im Frieden zu Luneville gegründete Königreich Etrurien übertragen wurde, und ſeine Gattin Marie Luiſe, die Tochter des Königs, die

nach Ludwigs frühzeitigem Tode bis 1807 die Regierung von Etrurien weiterführte, um dann den Eltern das Los der Verbannung zu erleich-tern, mit ihrem im Dezember 1799 geborenen Söhnchen, dem ſpäteren Herzog von Parma, auf dem Arm. Hinter Karl IV. ſieht man ſeinen Bruder Antonio und neben dieſem des Königs älteſte Tochter Carlotta Joaquina, die Königin von Portugal. Diskret im Hintergrund links, ſchwach beleuchtet, ſteht end-lich Goya ſelbſt, mit der Porträtierung beſchäftigt, an der Staffelei — vielleicht eine Reminiszenz aus Velas-quez' Meninasbilde.

Mit dem geſchichtlichen Werte dieſes Repräſentations-bildes, des größten, das Goya je gemalt hat, deckt ſich der künſtleriſche. Von der nur ſpärlich erleuchteten Wand des Schloßſaales heben ſich die in helles Licht getauchten Figuren um ſo wirkſamer ab, als hier mit lebhaften Tönen nicht geſpart iſt. Das Kolorit iſt von ſo großer Friſche und Lebendigkeit, wie ſelten bei Goya. Es grenzt ſchon an Buntheit. Die weißen Seidenroben der weib-lichen Perſonen, das ver-

Abb. 60. Die Schauſpielerin Tirana. 1802.
Madrid, Kunſtakademie von San Fernando. (Zu Seite 87.)

schieden nuancierte Braun und Blau der Uniformen, die rote Kleidung des kleinen Prinzen in der Mitte, das Gold- und Silberflimmern der Stoffe, des Schmuckes und der Orden ergeben das köstlichste Farbenkonzert. Ebenso fein abgewogen ist die Verteilung der Lichter, Schatten und Halbschatten. Solche Transparenz der Fleischtöne ist Goya kaum wieder gelungen. Noch bewundernswerter ist, wie die individuellen Verschiedenheiten der einzelnen Charaktere und Haltungen durch geschickte, ungezwungene Gruppierung zu einheitlicher Gesamtwirkung verschmolzen sind, die sich dem Gedächtnis leicht und unvergeßlich einprägt. Hier offenbart sich die Meisterhand. Für die sorgfältige Vorbereitung des Bildes sprechen die ausgezeichneten lebensgroßen Studienköpfe, von denen sich neun erhalten haben, die sich heute zum größten Teile im Pradomuseum befinden und dem Hauptwerke beinahe ebenbürtig zur Seite stehen (Abb. 45—47).

Solvay und Gautier verglichen das Königshaus, wie es auf diesem Bilde dargestellt ist, mit einer über Nacht reich gewordenen Krämerfamilie, die sich in ihrem neuen Sonntagsstaat habe porträtieren lassen, andere die Königin auf den Einzelbildnissen mit einer Zigeunerin. An der Wahrheit der Physiognomien ist nicht zu zweifeln. Schon vor hundert Jahren wurde Marie Luises Gesicht — die bohrenden Augen, der breite Mund, die gebogene Nase, der Backenwinkel zwischen beiden — mit dem Kopf eines Raubvogels verglichen. Es sind also keine Karikaturen, die wir vor uns

Abb. 61. Die Marquesa de Pontejos. Um 1785. Madrid, Marquesa de Martorell. (Zu Seite 86.)

haben, wie auf der sogenannten Allegorie auf die Vergänglichkeit, wo Marie Luise, wieder den edelsteinbesetzten Goldpfeil im Haar und die bekannten Schmuckstücke an Ohren und Fingern, in geblümtem Seidenflitter, mit ausgesprochenen Eulenaugen und echtem Raubvogelgesicht als zahnlose alte Kokette dargestellt ist, die neben einer unheimlichen, schwarzen Zigeunerin ihre unglaublichen Züge im Handspiegel betrachtet (Abb. 48).

Aber die Frage entsteht, ob Goya sich dieser unbarmherzigen Wahrheitstreue bewußt gewesen ist, und wie es möglich war, daß ein Hofmaler solche Wirklichkeit malen durfte, ohne bei seinen königlichen Bestellern Anstoß zu erregen, daß diese im Gegenteil die

Abb. 62. Die Buchhändlersfrau von der Calle de las Carretas. Um 1790.
Früher in Madrider Privatbesitz.
Nach einer Originalphotographie von J. Laurent & Cie., Madrid. (Zu Seite 87.)

Bilder in ihre Schlösser hingen, den Verwandten in Neapel schenkten, an Ministerien und alle möglichen Behörden vergaben und obendrein den Künstler bei jeder Gelegenheit ihres Wohlwollens und ihrer Anerkennung versicherten. Die Lösung des Rätsels ist einfach. Goya malte, wie es sein Auge sah, ohne der Brutalität seiner Darstellung innerlich bewußt zu werden, während das an die Wirklichkeit gewöhnte Königspaar nicht erkannte, daß sie mit diesen Bildern für alle Zeiten gerichtet waren. Auch Velasquez' unerbittlicher Realismus traf Herrscher, vor denen man nicht allzuvielen Respekt haben kann; aber die geistige Beschränktheit seines hohen Gönners und die geschmacklose Tracht seiner Prinzessinnen wird gemildert durch deren wahrhaft königliche Lebenshaltung und die Vornehmheit, die Velasquez trotz allem Naturalismus durch die gedämpfte Farbenstimmung und die Art der Darstellung seinen Bildnissen zu geben verstand. In Goyas Fürsten= bildern fehlt jede Spur von Majestät. Seine Königin ist eine ränkesüchtige Dirne, sein König ein geistiger Nihilist, der auf fetten Leib, fette Pferde und fette Hunde hält, sein Kronprinz ein heimtückischer Intrigant und seine Infantin ein frühreifes Ding, das sich Mühe gibt, der Mutter dereinst Ehre zu machen. Man hat gemeint, Goya habe in revolutionärer Gesinnung systematisch die Herabsetzung der monarchischen Institution betrieben und in dem Lande, wo das Königtum mehr vergöttert wurde als irgendwo in der Welt, „Pamphlete" gemalt. Nichts irriger als das. Goyas Bildnisse sind Wahrheit, nichts als Wahrheit. Es bedurfte der Memoiren Godoys nicht, und der Schreiber spanischer Geschichte zur Revolutionszeit kann sich die Charakterisierung dieser Persönlichkeiten füglich ersparen, wenn er der Schilderung der Ereignisse Goyas Porträts beifügt. Mehr braucht man nicht zu wissen; sie sagen alles.

Über die berühmten Beziehungen Goyas zur Herzogin von Alba hat sein französischer Biograph, Yriarte, einen reinen Roman erzählt, der ungefähr folgenden Inhalt hat. Nach der Königin wird die Hofgesellschaft namentlich von zwei Damen des höchsten und reichsten Adels beherrscht, der Herzogin von Osuna, geborenen Gräfin Benavente, und der Herzogin von Alba. Beide sind von förmlichen Parteien umgeben, und beide versuchen auch den Künstler in ihre Netze zu ziehen. Die Osuna fängt die Sache praktisch an; sie beauftragt Goya, ihr Landschloß, die Alameda, mit Bildern zu schmücken und die Porträts ihrer Familie zu malen, und bannt ihn so in ihr Haus. Noch praktischer aber ist die Alba. Spielt jene die Kunstliebhaberin, so zeigt sie dem Künstler ihre Liebe; und da auf ihrer Seite noch Jugend und Schönheit stehen, schwankt Goya nicht lange, und bald ist das Verhältnis ein offenes Geheimnis von Hof und Stadt. Die Königin wird wütend, eifersüchtig und verweist die Herzogin aus Madrid. Sie hat aber nichts gewonnen: Goya reicht Urlaub ein und begleitet die Verbannte auf ihre entzückende Besitzung San Lúcar de Barromeda im schönen Andalusien. Aber wie die Königin scheinen auch die Götter dem lebenslustigen Liebespaare sein Glück zu neiden, sie werfen ihm ein Abenteuer in den Weg, welches das ganze künftige Leben des Künstlers auf das niederdrückendste verdüstern soll. Bei der Fahrt über den Despeña=Perros=Paß in der Sierra Morena bricht und stürzt der Wagen, in dem die Glücklichen sitzen. Da Hilfe fern ist, braucht Goya seine gewaltige Körperkraft, um ihn wieder aufzurichten. Dann zündet er ein Feuer an, improvisiert eine Schmiede und stellt, während die Herzogin seine plebejische Kraft bewundert, den Schaden wieder her. Der Anstrengung und Er= hitzung folgt jedoch eine Erkältung, die eine Schwächung seines Gehörs zur Folge hat. Beide lassen sich aber in ihrem Glücke nicht stören und verleben auf San Lúcar, in der romantischen Umgebung des Guadalquivir, ein Jahr der himmlischsten Einsamkeit, bis ein Befehl von Madrid den Hofmaler energisch zur Rückkehr ermahnt. Er wirft sich der Königin zu Füßen, bittet sie um Verzeihung für die Herzogin, er erlangt sie und erreicht sogar, daß ihm der Auftrag wird, die Herzogin selbst zurückzuführen, die dann im Triumph an seiner Seite in Madrid einzieht.

Die Freunde des Pikanten, Muther und seine Leute, finden sich mit solchen Er= zählungen rasch ab, sie sagen einfach: etwas ist an solchen Geschichten immer richtig. Der gewissenhafte Forscher muß diesen leichtfertigen Standpunkt verwerfen, er fragt nach Beweisen. In dem an sich voll berechtigten und verdienstvollen Streben, Goyas

Abb. 63. Da. Rita de Barrenechea Marquesa de la Solana, Condesa del Carpio. Um 1794.
Madrid, Marqués del Socorro.

Leben von aller romanhaften Ausschmückung, in der sich die französischen Schriftsteller gefallen haben, zu reinigen und auf den Boden der Wirklichkeit zu stellen, ist jedoch v. Loga in diesem Falle zu weit gegangen. Beweise sind nämlich da. Zwar keine urkundlichen, wohl aber solche, die urkundlichen an Werte gleichstehen, und außerdem zahlreiche Indizien, unter denen namentlich eine verdächtige Stelle in einem Briefe an Zapater in Frage kommt, die auf mehr als bloße künstlerische Beziehungen zwischen Goya nnd der Herzogin schließen läßt. v. Loga nimmt an, daß Goya in den Jahren 1792 bis 1794 eine schwere Krankheit durchzumachen hatte. Darf man aber aus den spärlichen, vereinzelten Mitteilungen des Künstlers über mangelhaften Gesundheitszustand, zwischen denen immer viele Monate liegen, ohne weiteres auf eine andauernde schwere Erkrankung schließen? Wie sehr überdies Goya seine Krankheitsberichte zu übertreiben liebte, geht daraus hervor, daß er am 23. April 1794 über seinen unveränderten Gesundheitszustand klagt, den er nicht mehr ertragen könne, um in demselben Atem eine Zeile darauf fortzufahren, den nächsten Montag werde er zum Stierkampf gehen. Er wird auch dort gewesen sein. Ein andermal, am 2. Juli 1784, schreibt er dem Freunde: „Ich bin ganz kraftlos, bitte die Madonna, daß sie mir Arbeitslust verleiht," und v. Loga bucht gewissenhaft für diese Zeit Krankheit, während Goya unmittelbar darauf innerhalb weniger Wochen die quantitativ erstaunlichen Leistungen vollbringt, die in seinen zweiten Aufenthalt auf dem Osunaschlosse im Sommer 1784 fallen. Ich habe bei Goyas Briefen immer das Gefühl, daß man stark zwischen den Zeilen zu lesen und nicht jedes Wort ernst zu nehmen hat. Er trieb eine Art Koketterie mit diesen Erkrankungen, die vielleicht längst gehoben waren, wenn die Nachricht ihr Ziel erreichte.

Außerdem ist nicht richtig, daß es, wie v. Loga behauptet, aus dem „Krankheitsjahre" 1792 gänzlich an datierten Bildern fehlt. Ein 1792 datiertes und bezeichnetes, zweifellos echtes Bild befindet sich im Metropolitan-Museum zu New-York, das Porträt eines Mannes in modischem Kostüm. Aus dieser Zeit, die in der Zahl Goyas Hauptperiode im Porträtfach bildet, sind überhaupt nur wenig Bildnisse datiert; erst später, wo der Künstler immer mehr von der Abfertigung bloßer Standespersonen zur intimen, liebevollen Wiedergabe geistig bedeutender Menschen aus seinem engeren Freundeskreise übergeht, pflegte er das Datum häufiger zu vermerken. Da finden wir in großen Pinselstrichen die Jahreszahl und die Inschrift Pinto pr Goya su amigo ...

Mit dem Aufenthalt Goyas in San Lúcar scheint es seine Richtigkeit zu haben. Einmal konnte sich Yriarte, der zu seinen Goya-Studien lange in Spanien herumreiste, überall eifrig nach Quellen suchte, und der bei aller Neigung zum Fabulieren doch nicht der Wissenschaftlichkeit entbehrt, hier auf Mitteilungen von Goyas Enkel berufen, die er in seinen Händen habe, und die nicht ganz aus der Luft gegriffen sein können, da Goya tatsächlich, wie jetzt urkundlich erwiesen ist, im Januar 1793 — demselben Jahre, in das Yriarte ohne Kenntnis dieser Urkunde den Aufenthalt auf San Lúcar ansetzt — um Urlaub für Andalusien nachgesucht hat. Daß dieses Mannes Leben ein halber Roman war, vom Anfang bis zum Ende, ist nicht zu bezweifeln. Wo die eigentlichen Urkunden fehlen, treten seine Werke als Beweisstücke ein, die uns über Goyas Charakter und Lebensführung besseren Aufschluß bieten als alle Dokumente, weil der Künstler sich hier immer gab, wie er war, während die Briefe an Zapater, häufig noch dazu in gefärbter Darstellung, nur die augenblicklichen Stimmungen des leidenschaftlichen Mannes wiedergeben und im besten Falle uns nur über das unterrichten, was er den Freund wissen lassen wollte. Sonderlich pflegt man pikante Verhältnisse nicht an die große Glocke zu schlagen, am allerwenigsten in Urkunden festzunageln.

Wie es nun aber auch um diese Beziehungen gestanden haben mag, jedenfalls verdanken wir ihnen eine Reihe der entzückendsten Schöpfungen. Bei dem gegenwärtigen Duque de Alba im Palacio de Liria zu Madrid finden wir das lebensgroße Porträt der Herzogin, eins der schönsten Frauenbildnisse und zugleich ein Meisterwerk des Impressionismus (Abb. 49). In heller Hügellandschaft, deren ruhige, große Linien nur locker, ohne bestimmte Umrisse und Formen, in lichten Farben gemalt sind, auf weitem, freien, durch keine Unterbrechung gestörten Platze steht sie im schlichten, weißen Gewand der

Abb. 64. Da. Tadea Arias de Enriquez. Um 1794. Madrid, Pradomuseum.

Directoirezeit. Die hochgezogene Taille umschließt ein breiter Gürtel von leuchtendem Rot, dem oben am Saum noch eine Schleife in der gleichen Farbe entspricht. Welche Anmut in dieser Gestalt, welche Geschmeidigkeit in diesem Körper, welche Vornehmheit in dieser Erscheinung! Und welcher Gegensatz zu Marie Luise, die alle Mittel der Mode zu Hilfe nimmt sich herauszuputzen! Eine mächtige Fülle schwarzer Locken, die die Stirn überdecken und weit bis über die Schultern herabwogen, umrahmt das vornehme, blasse Gesichtchen. Aus ihm blicken große, dunkle, halb schwermütige Augen, die von scharf gezogenen Brauen überschattet sind. Diese Frau ist die geborene Aristokratin, mit ihrer langen, feingeschnittenen Nase und dem erstaunlich kleinen Munde, zu herrschen gewohnt, wie der Blick, die Haltung, der befehlerisch erhobene Zeigefinger der Rechten verraten. Das zierliche ihr beigesellte Bologneser Hündchen, durch das der Künstler in der Farbe des Kleides sehr fein die Grazie der Bewegung verstärkt hat, erinnert an die seidnen Diwans ihrer Gemächer. Man begreift, daß der intime, jahrelange Verkehr mit der Herzogin, die zu ihrer Schönheit offenbar auch Geist besaß, auf Goyas massive, gewaltsame Natur einen ungemein verfeinernden Einfluß geübt haben muß. Auch der Künstler hat diesem Umgange seinen Tribut gezollt. Nirgends wieder hat sein

Abb. 65. Der Riese. Radierung. (Zu Seite 90.)

Pinsel eine solche an die großen englischen Porträtisten erinnernde Feinheit in Farbe, Auffassung und Ausführung erreicht. Das Bild wurde 1795 gemalt und war nach der Inschrift, die in großen, aber unauffälligen Zügen über dem Hündchen in den Sand gezeichnet ist, eine Widmung des Künstlers an die — Gönnerin.

Während auf dem Liria-Bildnis bei der lichten Umgebung und dem hellen Gewande allein der von der schwarzen natürlichen Haarpracht umgebene und unten durch eine schwere Halskette abgeschlossene Kopf mit seinen dominierenden rassigen Augen unsern Blick auf sich zieht, ist auf einem andern, zwei Jahre später gemalten Porträt der Herzogin, das früher die Sammlung König Louis-Philipps zierte, der Akzent auf die ganze Figur gelegt. Sie ist hier schwarz gekleidet und womöglich noch zierlicher in ihrer Bewegung, noch leichtfüßiger gegeben als dort. Es gibt noch weitere Porträts der Herzogin, die freilich zum Teil nur Wiederholungen und Studien sind. Weit am interessantesten von ihnen ist ein kleines Bild, das der Marqués de la Romana in Madrid zu besitzen das Glück hat, mit fabelhafter Verve gemalt, von herrlichster Farbengebung und wieder bemerkenswert durch die impressionistische Behandlung (Abb. 50). Wahrscheinlich das glückliche Ergebnis einer glücklichen Stunde. Der Künstler hat sich hier selbst dargestellt, auf einem Spaziergange mit der Herzogin, in eifriger Konversation, als Kavalier, der einer Frau huldigt, die ihn versteht und ungezwungen mit ihm zu verkehren pflegt. Wie will man dieses Bild erklären ohne allerlei zarte Beziehungen zwischen den beiden? Durch eine busch- und baumreiche, selten reizvolle Berglandschaft wandeln sie auf grüner Matte, Goya in langem, hellgrauen, leise ins Braune spielenden Rock, gleichfarbigen, engen Beinkleidern, Jabot, hohen Stiefeln, reichem modischen Haupthaar, den Hut in der Hand, auffallend jugendlich und schlank — offenbar mit Rücksicht auf die Partnerin —, eindringlich, beinah leidenschaftlich auf diese einredend, ganz der Typus eines galanten Ritters; die Herzogin in schwarzem Spitzenkleid, schwarzer, malerisch umge-

Abb. 66. Gleich und gleich gesellt sich gern. Aus den Caprichos (Bl. 5). (Zu Seite 94.)

schlungener Mantilla, durch die das Gelb des Mieders und das Rot der Schärpe hervorleuchtet, mit weißen, langen Handschuhen und weißem Schuhwerk an den zierlichen, weit hinauf sichtbaren Füßchen. Die linke Hand ist weit ausgestreckt und hält kokett den geöffneten Fächer, während die Rechte am Oberkörper vorbei in vielsagender Bewegung mit dem Zeigefinger in die Landschaft weist, von der, nur angedeutet, dichtbelaubte hohe Zweige in das Bild hineinragen. Der Kopf ist über die Schulter hinweg zu ihrem Begleiter gewendet, mit dessen tiefen Blicken sich die ihrigen begegnen. Die Grazie dieser Gestalt ist wundervoll, sie konnte nur in Spanien zur Welt kommen, und nur Goya konnte sie malen.

Auf den Verkehr mit der Herzogin sollen sich eine Reihe Radierungen in der Caprichos-Folge (Bl. 5, 7, 15, 16, 27) beziehen. Das elegante Spitzenkleid, die geschmeidigen Bewegungen, die frei und reich herabfallenden Locken, der im Verhältnis zu der zierlichen Gestalt ungewöhnlich große Kopf mit echt spanischem Schnitt, die Anklänge an das Bild mit dem promenierenden Paar und das beigegebene Seidenhündchen sind allerdings auffallend. Es verdient aber Erwähnung, daß diese Blätter, die die Herzogin schwer hätten kompromittieren müssen, von 1797 an in Madrider Gesellschaftskreisen bekannt waren und ihr keine Veranlassung gaben, die Beziehungen zu dem Künstler abzubrechen. Der Verkehr bestand noch im Jahre 1800, wo Goya einmal an Zapater schreibt: „Eben kam die Herzogin von Alba in mein Atelier und wünschte von mir geschminkt zu werden. So auf den lebendigen Leib zu malen, mein Lieber, das ist doch eine scharmante Beschäftigung, die ich den Studien an einer Gliederpuppe unbedingt vorziehe." Dann hören Bilder und Nachrichten auf, die Herzogin ist bald nachher in der Blüte ihrer Schönheit gestorben, man sagte, aus Ärger über den Verlust eines Raffael, den sie in freigebiger Laune ihrem Hausarzt geschenkt hatte (v. Loga 81).

Ferner ist die Herzogin unverkennbar, wenn auch den Rücken wendend, auf einem der beiden interessanten Bildchen zu finden, die mit vielem Humor Szenen aus dem Leben einer alten Betschwester behandeln (Abb. 51 u. 52). Diese gehörte vermutlich ebenso zum Inventar des Albaschen Hauses, wie erwiesenermaßen die drolligen Zwerggestalten des Pagen und der Negerin. Letztere kehrt auch auf einer Zeichnung wieder, die man nebst vielen ähnlichen Blättern schon früher mit der Herzogin in Verbindung brachte. Yriarte und der Spanier Carderera, der die Zeichnungen besaß, bevor sie in die Sammlungen des Prado und der Madrider Bibliothek übergingen, erblickten

darin die Reste eines von Goya in San Lúcar benutzten Skizzenbuches. Ohne Zurückhaltung werden wir hier in den Tageslauf einer eleganten Dame eingeweiht, wie sie im Morgenkleid Briefschaften erledigt, wie sie Befehle erteilt, im Park promeniert, sich auf dem Diwan ihren Träumen hingibt usw. Es ist nicht zu verwundern, daß man schließlich überall, wo eine schlanke, biegsame Frauengestalt mit üppig quellenden Locken, feurigen Augen und gebogenen Brauen vorkam, die Spuren der Herzogin zu erkennen wähnte: auf allerlei Zeichnungen, auf Ölbildern, in den Kuppelfresken von San Antonio de la Florida, die Goya 1798 malte, endlich auch auf den berühmten Bildern der bekleideten und unbekleideten Maja (Abb. zwischen S. 64 u. 65). Es läßt sich nicht

Abb. 68. Dieser Staub ... Aus den Caprichos (Bl. 23). (Zu Seite 94.)

leugnen, daß hier das auffällige Mißverhältnis zwischen Kopf und Leib, zwischen Ober- und Unterkörper, die schmalen Hüften, selbst der Gesichtsschnitt starke Analogien ergeben. Indessen tut man hier wohl der Herzogin unrecht, wenngleich der exzentrischen Dame, die sich nach Godoys Memoiren nicht entblödete, 1787 in Rivalität mit der Herzogin von Osuna dem Stierkämpfer Romero nachzulaufen, auch die Preisgebung ihres Aktes wohl zuzutrauen ist.

Die beiden Majabilder, die sich heute im Prado befinden, sind aus der Akademie übernommen, in die sie 1815 kamen — bezeichnenderweise aus dem Besitze des Friedensfürsten. Ob Godoy mit Lieferung des Modells sie selbst bestellt oder nur aus den Beständen des Malers erworben hat, entzieht sich der Kenntnis. Ebensowenig ist etwas über die Zeit der Entstehung bekannt, man darf sie noch in das 18. Jahrhundert verlegen. Einer alten Tradition zufolge sind beide Bilder, wie auch die reichlichen Spuren impressionistischer Behandlung bezeugen, im Freien gemalt. Wenn auch die Gesichtszüge voneinander abweichen, und auch sonst leichte Verschiedenheiten zu bemerken sind, handelt es sich doch ohne Zweifel um dieselbe Person. Wachend auf dem Lager hingestreckt, dem Lichte entgegengewendet, ruht der Körper mit dem Ausdruck sehnsüchtiger

Abb. 69. Sie barbiert ihn. Aus den Caprichos (Bl. 35). (Zu Seite 94.)

Erwartung. Nichts Göttliches und Erhabenes wie Giorgiones Venus, nicht die schwellenden Formen und die Urkraft von Tizians Frauenleibern. Ein gewöhnliches begehrendes Menschenkind vom Ausgang der Rokokozeit. Mit spanischem Einschlag. Fast bleich, mit schwarzen gelösten Haaren, dunklen, lüstern auf den Beschauer blickenden Augen und heißverlangendem Körper, der leise vor Erregung zu zittern scheint. Schöner als die Linien dieser Frau ist die Malerei. Mit den weißen, im Licht aufleuchtenden Kissen sind hier die hellen Fleischtöne, dort das feine Gelb der Jacke, das zarte Rosa des Gürtels und das Weiß des Gewandes in weiche Harmonie gesetzt. Und wer erkennt, mit welcher Sicherheit und Liebe das Fleisch gezeichnet ist, wird bedauern, daß Goya so wenig Akte gemalt hat.

Von den zahlreichen weiteren Bildnissen dieser Periode können hier nur die hervorragendsten Erwähnung finden. Das bekannte, vielbewunderte Porträt Ferdinand Guillemardets (1795, Abb. 53), das schon seit Jahrzehnten dem Louvre gehört, zeigt Goya sowohl als begabten Koloristen wie als feinen Seelenkenner. Um so merkwürdiger ist, daß ein so sachkundiger Mann wie Gustave Geffroy hier von Banalität der Auffassung sprechen und äußern konnte, das Bild passe besser in ein Museum historischer Kostüme. Guillemardet war von Haus aus Arzt und war von seiner Stadt in den Konvent geschickt, der ihm 1795 den Gesandtenposten in Spanien gab. Kein gelernter und wohl auch, wie das Antlitz verrät, kein geborener Diplomat, kam er während der kurzen Zeit seines Madrider Aufenthaltes gar nicht in die Lage, von seinen politischen Gaben Gebrauch zu machen, da Karl IV. den Vertreter der Republik überhaupt nicht empfing. Der Stolz des Gesandten über die ihm unerwartet widerfahrene Auszeichnung wurde indes durch dieses Mißgeschick nicht beeinträchtigt, und so gibt ihn Goya mit der Miene und Haltung des Fanfarons: Guillemardet sitzt in funkelnagelneuer Uniform, seitwärts gewandt, damit die Schärpe zur Geltung kommt, einen Arm über die Rücklehne des Sessels gelegt, den andern auf den Oberschenkel gestemmt, die Beine gekreuzt, den Kopf selbstbewußt über die Schulter auf den Beschauer gerichtet, am Schreibtisch, an dem er seine Berichte nach Paris abfaßt, während der große Hut mit dem schönen Federbusch zur Seite liegt. Es ist ganz klar, daß wir hier ein Charakterbild ersten Ranges vor uns haben. Nebenbei ist das Porträt ein Meisterstück koloristischer Technik. Goya hat das schwierige Problem gelöst, die französischen Nationalfarben mit den übrigen Teilen des Bildes in Einklang zu bringen. Der Kunstkritiker Legrange bemerkte 1865, daß das noch niemals einem französischen Maler so gut geglückt sei. Der Gesandte ist ganz in Blau gekleidet, Sesselbezug und Tischdecke sind gelb, Federbusch und Schärpe haben die Farben der Trikolore. Diese verschiedenen, scheinbar unverträglichen Töne hat Goya zu einem Farbenkonzert zu vereinen gewußt, daß das Auge mit Entzücken auf dem Bilde verweilt.

Im Louvre findet man noch zwei Frauenporträts aus dieser Zeit, die erst kürzlich erworben wurden (Abb. 54 u. 55): eine junge Dame, die, ganz in schwarze Spitzen gekleidet, sich wirkungsvoll von landschaftlichem Hintergrund abhebt, mit rosafarbener Schleife in der Mantilla: eine auffallend große Gestalt, die durch die Haltung des Körpers und den stolz zurückgeworfenen Kopf noch mehr hervortritt, und eine sitzende Dame im weit ausgeschnittenen Kostüm der Directoirezeit mit langen Handschuhen und Fächer. Das Grau des Seidenkleides, das frische Rot des Fleisches und das Schwarz der großen Augen geben eine Farbenwirkung von höchster Delikatesse. Das ausgezeichnete Bild, das durch seine meisterhafte Lichtführung und seine breite Malweise auch technisch interessiert, stammt aus der bekannten Galerie des Marqués de Salamanca und wurde 1898 um einige 30 000 Frcs. aus der Sammlung Kums in Antwerpen ersteigert. Ein Porträt von gleicher Vollendung besitzt die Gräfin von Paris, den Maler Assensio Juliá. Der Künstler, der zu Goyas Freunden zählte, steht, mit einem merkwürdig langen Gewande bekleidet, Pinsel und Farbentopf zu Füßen,

Abb. 70. Bis zum Tode. Aus den Caprichos (Bl. 55). (Zu Seite 94 u. 101.)

86

in großem Raume vor einem Gerüst, das auf seine Tätigkeit als Freskenmaler hinweist.
Da er den Arm in der Binde trägt, wurde er offenbar zu einer Zeit gemalt, wo ein
Unglücksfall ihn zu einer Unterbrechung seiner Arbeit gezwungen hatte. Der innere Anteil hat ein Werk von überraschender Feinheit in Auffassung und Ausführung gezeitigt.
    Die übrigen Bildnisse befinden sich in spanischen Sammlungen: Mariano Ferrer
(1790), Bibliothekar an der Kunstakademie zu Valencia, in modischem violetten
Rock; Ramon Pignatelli von Zaragoza (1790), mit vornehmem Ausdruck; der
Schriftsteller Felix Co-
lon am Schreibtisch
(1794), virtuos ge-
malt; Goyas Freunde:
Zapater (1797) und
die Dichter Meléndez
Valdes (1797, Abb.
58) und Fernandez
de Moratin (1799,
Abb. 59), treffliche
Porträts von offenbar
sprechender Ähnlich-
keit; der General Ur-
rutia (1798, im
Pradomuseum), eine
Gestalt von schlichter
Würde mit ehrbaren
Zügen. Ferner das
große Familienbild der
Osuna (1789, mit
12 000 Realen be-
zahlt), auf gelbgrünem
Hintergrunde, mit zar-
ter Farbenstimmung,
die sehr fein der Ge-
sichtsfarbe der hysteri-
schen Herzogin und
ihrer bleichsüchtigen
Kinder angepaßt ist.
Endlich eine Reihe
wundervoller Frauen-
bildnisse, die Mar-
quesa de Pontejos
(Abb. 61), die Schwä-
gerin des Grafen
Florida=Blanca, eine
ungemein zierliche
Dame, die wir auch

Abb. 71. Gibt es niemand, der uns frei macht?
Aus den Caprichos (Bl. 75). (Zu Seite 94 u. 102.)

auf einem Fandangobilde der Teppichkartons finden, in hellem, gleich kostbaren wie
kleidsamen Kostüm, auf sehr sorgsam gemaltem, bis auf die Blumen des Vorgrundes
durchgeführten Wiesenplan mit waldigem Hintergrund; Maria Teresa de Borbon, des
Infanten Luis Tochter, zweimal in ganzer Figur (Boadilla del Monte, 1797), eine an=
mutende Gestalt, die uns Mitleid einflößt, weil sie um diese Zeit wider ihren Willen
zur Schmach des Hofes mit Godoy verheiratet wurde, um wenige Jahre darauf in früher
Jugend zu sterben; die Marquesa de San Andres, als Brustbild und Kniestück, mit ihren
unzähligen Spitzen, Federn und Bändern Kostümbilder ersten Ranges, etwas befangen,
aber fein gemalt (Privatsammlungen in Madrid); die Buchhändlersfrau aus der Calle

de Las Carretas (Abb. 62), mit der Goya intime Beziehungen unterhalten haben soll, eine interessante, üppige Erscheinung von echt spanischem Typus, mit herrlicher Malerei der weißen Mantilla und der hohen Handschuhe; eine unbekannte sitzende Dame in weißem Directoirekleid mit weit herabfallenden dunklen Locken (1795, Madrid, Sammlung Beruete) und endlich die Schauspielerin Tirana, mit der Goya befreundet war, einmal in ganzer Figur und einmal als Kniestück (um 1800), beides in psychologischer

und in malerischer Hinsicht Meisterwerke der Porträtkunst von bewundernswerter Kraft und Frische der Auffassung bei erstaunlicher Weichheit des Auftrags (Abb. 60). Eine großartige Erscheinung! Auf wundervoll geformtem Körper sitzt ein höchst charakteristischer, von reichem Haar umrahmter Kopf. Durch den weißen Schleier, der den Hals umgibt, schimmert das Inkarnat, und in blühender Lebendigkeit steht der Fleischton des Gesichtes gegen die dunklen Augen, das dunkle Haar und den dunklen Hintergrund.

* * *

In diese Jahre eifrigen, frohen Gestaltens fällt ein Ereignis von ergreifender Tragik: Goya erkrankt an einem Gehörleiden, das sich zu völliger Taubheit steigert. Ob er schon von Jugend auf

Abb. 72. Die Faultiere. Aus den Caprichos (Bl. 50). (Zu Seite 95.)

die Anlage mit sich herumschleppte, ob Überarbeitung, verbunden mit aufreibender Lebensführung, eine allgemeine Erschütterung des Nervensystems zur Folge hatte oder schwere Krankheit die Katastrophe herbeiführte, läßt sich nicht sicher erweisen. Ebensowenig ist genau festzustellen, zu welcher Zeit dieses bei Goyas geselliger und lebhafter Natur doppelt empfindsame Geschick den Künstler getroffen hat. Schon auf Selbstporträts, die, nach den Gesichtszügen zu urteilen, etwa in das Jahr 1790 gehören, finden wir lauschende Haltung des Kopfes und mißtrauischen Blick, wie man beides oft bei Schwerhörigen beobachten kann.

Man muß die erschütternde Tatsache des Taubwerdens unterstreichen, da sie vielleicht den psychologischen Schlüssel zu der vollständigen Umwandlung bietet, die wir in

Abb. 73. Gespenster. Aus den Caprichos (Bl. 49). (Zu Seite 95.)

Goyas Wesen und Schaffen von Mitte der neunziger Jahre an wahrnehmen. Darum ist auch der Zeitpunkt der Erkrankung nicht so unwichtig, wie es scheinen mag, und darum wäre es interessant zu wissen, ob das Leiden rasche oder nur allmähliche Fortschritte machte, bis die volle Taubheit besiegelt war, die den Künstler und seine Umgebung nötigte, sich zur Unterhaltung der Fingersprache zu bedienen.

Man weiß, welchen Einfluß eintretende Taubheit auf das Gemüt auszuüben pflegt. Während der Verkehr mit der Außenwelt nachläßt, vertieft sich das Innenleben, und die Einwirkung ist um so durchdringender, je reichere Gaben der Natur das Gebrechen als schmerzliche Demütigung empfinden lassen. Phantastische, grausige Visionen kommen in der Folge über den Künstler, der bisher das Leben in vollen Zügen genoß, um nun nach und nach zum vergrämten Einsiedler zu werden. Eine Welt der Hölle belagert seinen Geist, und unheimliche Gebilde, die den Gedanken an eine geistige Störung wachgerufen haben, erhalten in seinem Schaffen Ausdruck. Eben noch ein Mitgenießender, beginnt er ingrimmig das gesellschaftliche Leben zu geißeln, und über die verrotteten Zustände seiner Zeit leert er mit Spott und Hohn die Schalen seines Zornes. Und merkwürdig: der Mensch hat die Höhe seines Lebens überschritten, aber der Künstler wächst in diesem Leid und wird immer größer.

Nirgends finden wir den Niederschlag des Unglücks, der Verbitterung und Menschenverachtung, der in die tollsten Träume schweifenden Phantasie deutlicher als in Goyas Radierwerken. Goya handhabte die Radiernadel schon seit langer Zeit. Wahrscheinlich ist sein erstes Blatt, eine Flucht nach Ägypten, schon 1775 entstanden, unmittelbar nach der Rückkehr in die Hauptstadt, unter dem Einflusse von Tiepolos Radierungen, die, in Madrid verbreitet, dem jungen Künstler nicht bloß technisch durch den geistvollen Strich, sondern auch stofflich durch das Karikaturenhafte und Phantastische Interesse einflößen mußten. Tiepolo und Goya waren bei aller Verschiedenheit geistesverwandt. So dankt der letzte große spanische Künstler dem letzten großen Venezianer nicht bloß seine ersten Erfolge als Freskenmaler, sondern auch seine ersten Radierversuche, deren weitere Verfolgung ihm einen Ruhm bringen sollte, der noch über den des Malers hinausging. Der Anfang war bescheiden, aber schon die beiden nächsten Blätter ließen Besseres erwarten. Sie stellen Heilige dar, den greisen Kopf des Francisco de Paula, in langem Bart, mit aufwärts gewandtem Blick, und den Schutzpatron von Madrid als Bauer, wie er auf seinem Felde zum Gebete niedergekniet ist, während im Hintergrunde ein Engel unterdessen das Ochsengespann mit dem Pfluge weiterführt. Eine reiche Tätigkeit mit der Nadel entfaltete Goya im Jahre 1778. So datiert ist ein Riesenblatt (58 : 39,5 cm), auf dem er mit unbedeutenden Abweichungen ein Motiv aus seinen Teppichkartons behandelte: den Blinden, der zur Gitarre singt. Von diesen vier Blättern sind die Platten bis auf eine, den Heiligen Francisco, nicht mehr erhalten und Drucke nur in ein oder zwei Exemplaren vorhanden, die die Madrider Nationalbibliothek und das Britische Museum besitzen.

In demselben Jahre, vielleicht auch noch im folgenden, hat dann Goya auf der Kupferplatte sechzehn Bilder des Velasquez reproduziert, eine Arbeit, die mit ihrer genauen Beobachtung der Malweise, der Komposition und namentlich der Lichtführung sicher einen nachhaltigen Einfluß auf seine malerische Entwicklung geübt hat. So konnte er später Velasquez seinen Lehrmeister nennen. Ursprünglich hatte Goya, wie aus seinen Vorarbeiten hervorgeht, die Absicht, sämtliche Werke des Velasquez zu radieren, die im königlichen Schlosse vorhanden waren. Wahrscheinlich aus Zeitmangel ist er jedoch nicht über die sechs Reiterbilder Philipps III. und IV., die Porträts ihrer beiden Gemahlinnen, des Infanten Balthasar Carlos und des Herzogs von Olivares, die Meninas, die Borrachos, den Infanten Fernando im Jagdkostüm, vier Bilder von Narren und Zwergen Philipps IV., den Hidalgo Ronquillo und die beiden Philosophen Äsop und Menipp hinausgekommen. Alle diese Blätter haben einen bedeutenden Umfang, das größte, die Meninas, mißt 47 : 36 cm. Die Wiedergabe der Bilder ist im ganzen getreu, aber es finden sich leichtere und stärkere Abweichungen, die sich manchmal selbst auf die Köpfe erstrecken. Sie sind voll beabsichtigt. Wie Goya jedem Gegenstand, den er künstlerisch behandelte, den Stempel seiner Persönlichkeit aufdrückte, so hat er auch diesen Reproduktionen etwas Eigenes gegeben. Nicht als sklavischer Nachahmer stand er

Abb. 74. Jetzt ist's Zeit! Aus den Caprichos (Bl. 80). (Zu Seite 96.)

den Bildern gegenüber, sondern als selbständiger Künstler mit eigenen Augen, mit ausgesprochener Subjektivität. Technisch betrachtet, bedeuten die Velasquez-Blätter einen wesentlichen Fortschritt, sie würden allein genügen, dem Meister in der Geschichte des spanischen Kupferstichs den ersten Platz anzuweisen. Seine stechenden und radierenden Landsleute und Zeitgenossen, Salvador Carmona und Ramon Bayeu, hatte er mit diesen Blättern, die in der Nadelführung noch an Tiepolo erinnern, weit überholt. Sehr fein ist namentlich, wie Goya die Tonwerte mit ihren zarten und silbernen Nuancen, das Licht und die räumliche Vertiefung wiedergegeben hat. Mit wenigen Strichen ist die volle Wirkung erreicht: ein Vorzug, den wir auch in den berühmten Radierungen seiner späteren Zeit wiederfinden.

Ein technisch und gegenständlich hervorragendes Blatt stammt wahrscheinlich aus den achtziger Jahren: „Der Garottierte." Der Arme, der barfuß in Verbrecherkleidung, an einen Pfahl gebunden, im Schein einer hellbrennenden Kerze auf dem Schafott liegt, ist mittels eiserner Kette stranguliert worden und hält, schon dem Tode verfallen, mit den gefesselten Händen das Kruzifix umklammert. Die Tiefe der Empfindung, das Gewaltige, Erschütternde im Ausdruck des Unglücklichen wirken mit der Kraft eines Natureindruckes. Zeichnung und Nadelführung ist so meisterhaft, daß man erstaunt, mit welcher Schnelligkeit und Sicherheit Goya als Autodidakt über die Schwierigkeiten des Verfahrens hinweggekommen ist und sich seine eigene Technik gebildet hat.

Vielleicht gehört in diese Zeit auch schon das berühmte Blatt „Der Riese" (Abb. 65). Zwar scheint der stark phantastische Charakter des Motivs in eine spätere Periode zu weisen, in die Zeit, wo Goya seine bizarren Hexen- und Riesenbilder malte, wo er in Nr. 56 der Caprichos „Steigen und Stürzen" das Schicksal in einem bockfüßigen Ungetüm personifizierte, das auf der Weltkugel sitzt. Indessen sprechen technische Momente dafür, daß dieses merkwürdige Blatt noch vor den Caprichos entstanden ist. Während nämlich Goya in den Caprichos das Aquatinta-Verfahren bereits so vollständig beherrscht, daß er die prächtigsten koloristischen Wirkungen erzielt, beweisen die wenigen erhaltenen Abzüge dieser Platte, daß sich Goyas Aquatinta-Tönung hier noch im Stadium der Versuche befand. Auch bei einigen Velasquez-Blättern ist schon Aquatinta angewendet, jedoch nur auf späteren Drucken. „Der Riese" zählt zu Goyas seltsamsten und eindrucksvollsten Schöpfungen. Am Abhang eines in großer Linie gehaltenen Höhenzuges hockt das Ungeheuer in vollständiger Nacktheit, die Arme auf die Knie gestemmt, dem Beschauer halb den Rücken gekehrt und das Haupt mit dem wüsten Haar und Bart über die Schulter zurückgewendet. Aus dem finstern Gewölk des erwachenden Morgens blinkt hell die Mondsichel. Im Vordergrund sind, noch im Dunkel liegend, kaum zu erkennen, weit über die wellige Landschaft Befestigungswerke, Dörfer und Siedelungen zerstreut, Flußläufe sind sichtbar, und der erste Schein des Frühlichts beleuchtet die furchtbare Muskulatur des Rückens und der vorspringenden Teile des mächtigen Antlitzes. Hat eines Künstlers Phantasie jemals mit gleich packender Kraft eine Gestalt von so unheimlicher Wildheit geschaffen? Aus irgendeinem Grund, wahrscheinlich, weil die Säure das Kupfer zu stark angegriffen hat, zerbrach Goya die Platte, nachdem er nur drei Abzüge bewirkt hatte. Sie sind noch erhalten, zwei davon befinden sich in den Nationalbibliotheken zu Madrid und Paris, und den dritten hat jüngst aus dem Besitz des D. Cristobal Ferriz das Kupferstichkabinett zu Berlin erworben. Heil den Fortschritten des Reproduktionsverfahrens, die es ermöglichen, das seltene Blatt frisch wie das Original selbst — hier über die Hälfte verkleinert — zur Abbildung zu bringen!

Von seiner Tätigkeit als Maler in Anspruch genommen, hat Goya die Radiernadel, wie es scheint, jahrelang vollständig ruhen lassen, bis er in den neunziger Jahren ebenso, wie er durch seine Stellung als Hofmaler und seinen Verkehr in den Madrider Gesellschaftskreisen auf die auch seiner Naturanlage entsprechende Bildnismalerei gedrängt worden war, durch die geänderten persönlichen Verhältnisse wieder auf die alte Liebe zurückgebracht wurde. Ob die ersten Blätter der Caprichos, wie die Tradition sagt, 1793 während seines andalusischen Urlaubs entstanden und mit körperlicher, seelischer und vielleicht auch gesellschaftlicher Mißstimmung zusammenhingen, mag dahingestellt bleiben. Jedenfalls hat Goya an dieser berühmten Reihenfolge von Radierungen Jahre hindurch gearbeitet, bis es im ganzen achtzig Stück waren. Wollte er warten, bis diese Zahl beisammen war, oder war seine Stellung bei Hofe nicht fest genug, als daß er es hätte wagen dürfen, von den neuen Schöpfungen etwas verlauten zu lassen? Genug, sorgsam bewahrte er jahrelang das Geheimnis, bis er sich 1797 entschloß, sie der Öffentlichkeit zu über- geben.

Die Technik der Caprichos wie aller folgenden Radierun- gen hat einen ganz persönlichen Charak- ter. Der Schöpfer der Velasquez-Blätter, der bei aller Leichtig- keit der Nadelführung doch noch ängstlich im kleinen arbeitete, ist kaum wieder zu er- kennen. Der Fort- schritt zeigt sich namentlich in der Sicherheit der Zeich- nung und in der feinen, tonigen Wir- kung, die Goya nun durch die Aquatinta erreicht. Er ist der erste spanische Ra- dierer, der sich ihrer bedient hat. Jeder Kenner wird die Meisterschaft bewun- dern, mit der er dieses schwierige Verfahren, eine Erfindung des französischen Malers Jean - Baptiste Le Prince (1733—81), schließlich beherrscht hat. Zwar ist die Fertigkeit erst allmäh- lich erobert worden, aber bei der unge- wöhnlichen Geschick- lichkeit seiner Hand und bei der unschätz-

Abb. 75. Auf der Jagd nach den Zähnen. Aus den Caprichos (Bl. 12). (Zu Seite 96.)

baren Hilfe, die ihm sein koloristisches Temperament gewährte, überwand Goya spielend auch hier alle Schwierigkeiten, wie auf dem Gebiete des Pinsels.

Von einer kleinen Anzahl abgesehen, die leicht mit der trocknen Nadel überarbeitet worden sind, hat Goya seine Kupferplatten nicht wieder vorgenommen. Er pflegte beim Radieren mit einer Sorgfalt zu Werke zu gehen, die wir bei seiner Malarbeit häufig vermissen, besorgte den Druck der Blätter selbst und ließ dann die Platten gern, wie sie waren. In der Calle de San Bernardino hatte er sich eine stille Mansarde gemietet und eine Preſſe eingerichtet, um ſich ganz im geheimen am Entſtehen ſeiner Caprichos erfreuen zu können. Wie er zu ſeinen Zeichnungen gern die rote Farbe wählte, ſo bevorzugte er auch bei den erſten Abzügen einen ſtark rötlichen Ton im Schwarz. Solche Probedrucke, die es auch von den Velasquez-Radierungen gibt, ſind heute in Kupferſtichſammlungen ebenſo begehrte Seltenheiten wie Rembrandts Landſchaften.

Von Bedeutung iſt, daß Goya zu allen achtzig Platten vorher Entwürfe angefertigt hat; ſie ſind heute noch erhalten und befinden ſich zumeiſt im Pradomuſeum. Auf vielen dieſer Studien, die in Sepia, Tuſche oder roter Kreide, teilweiſe auch in Waſſerfarben ausgeführt ſind, iſt der Charakter der künftigen Radierung ſo vollkommen vorausgezeichnet, daß der Nichtkenner beide, Studie und Druck, miteinander verwechſeln könnte. Nur ganz ſelten iſt auf der Platte eine Veränderung vorgenommen. In ähnlicher Weiſe hatte er auch die Reproduktionen der Velasquez-Bilder durch ungemein ſaubere Federzeichnungen vorbereitet, von denen einige Stücke noch vorhanden ſind. Die ſorgfältige Ausführung dieſer Vorarbeiten beweiſt, daß die verbreitete Meinung, Goya habe die Radierungen im ſüdlichen Feuer improviſierend nur ſo aus dem Ärmel geſchüttelt, auf einem Irrtum beruht.

Wer die Caprichos jemals vor ſich hatte, wird ſie nie wieder vergeſſen: immer der beſte Prüfſtein für echte Kunſt. Das ſpaniſche Kolorit und die eigenartige Manier der Darſtellung, die Energie der Modellierung, die Tiefe und Breite im Strich, das geiſtreiche Abſtufen der Tönung, die geſchickte Verteilung der Lichter und Schatten, das Maßhalten im Komponieren und Ausführen, die Betonung der Hauptſachen und Weglaſſung des Unweſentlichen, z. B. des Hintergrundes, das Vermeiden jeder Künſtelei, alles das wirkt zuſammen, daß die Caprichos in der Geſchichte des Kupferſtichs eine beſondere Stellung einnehmen. Neben den Vorzügen wollen die hie und da bemerkbaren zeichneri-

Abb. 76. Feinsliebchen. Aus den Caprichos (Bl. 68). (Zu Seite 97.)

schen und technischen Mängel nicht viel besagen. Über dem Zeichner und Techniker steht der Meister. Wenn man näher zusieht, erkennt man bald, daß es Goya weit mehr um den Ausdruck der auf ihn eindrängenden Ideen zu tun war, als um die Gestaltung derselben in künstlerischer Form. Diese ist häufig vernachlässigt. Unter Goyas großen Radierfolgen nehmen die Caprichos die unterste Stelle ein. Das hinderte nicht, daß gerade sie am bekanntesten wurden. Den Ruhm verdanken sie ihrem geistreichen Inhalt und namentlich den Anspielungen auf das Madrider Leben, die man allenthalben in den Blättern zu finden meinte. Durch die Caprichos ist Goya der Hauptvertreter des Satirenbildes geworden. Sie stehen in ihrer Art noch

Abb. 77. Du wirst nicht entrinnen. Aus den Caprichos (Bl. 72). (Zu Seite 97.)

heute unerreicht da, wenn auch durch die politischen und sozialen Spannungen des neunzehnten Jahrhunderts auf diesem Gebiete eine ungeheure Produktion stattgefunden hat.

Caprichos bedeutet Einfälle. Was aber Goya unter diesem Titel gibt, sind nicht Einfälle eines harmlosen Künstlers, der, was ihm gerade in den Sinn kommt, auf die Platte kritzelt, sondern Einfälle eines kritischen Geistes, der die Dinge der Welt scharf zu beobachten pflegt und nur zur Nadel greift, um über die ihm auffallenden Zustände schonungslos den bittersten Spott auszugießen.

Zur Erklärung hat Goya knapp gehaltene Unterschriften beigefügt und außerdem handschriftliche Bemerkungen hinterlassen. Man würde aber fehl gehen, wollte man annehmen, daß Goya klipp und klar den Sinn der Blätter auseinandergesetzt hätte. Der schlaue Künstler hat vielmehr Unterschriften und Kommentar nur dazu benutzt, seine Gedanken in überaus geistreicher Weise zu verschleiern, ihnen durch Verallgemeinerung eine scheinbar harmlose, rein menschliche Deutung zu geben, und hat so die Lösung der Rätsel noch mehr erschwert.

Zu boshaften Betrachtungen bot das Leben von Madrid reichlichen Stoff. Eine Menge Blätter beschäftigen sich mit der Unsittlichkeit, dem Treiben der Dirnen und

Kupplerinnen. Man darf nicht überrascht sein, daß die Darstellung hier bisweilen das Obszöne streift; die Zeit des Rokoko war dergleichen gewöhnt. Wir sehen merkwürdige Dinge. Es werden Weiber geschildert, wie sie Toilette machen, wobei sie besondere Sorgfalt auf gute Unterkleidung, strammes Sitzen der Strümpfe verwenden, wie sie auf den Männerfang gehen (Abb. 66), den Maskenball besuchen, sich nächtlicherweile bei Regen und Sturm herumtreiben, bis sie schließlich von der Polizei aufgegriffen werden (Abb. 67), vor Gericht kommen (Abb. 68) und zur Strafe ihrer Sünden hinter Kerkermauern sitzen oder mit der spitzen Inquisitionsmütze, gefesselten Händen, nacktem Oberkörper und bloßen Füßen auf dem Esel durch die Straßen ziehen müssen. Der Mann spielt durchweg eine recht klägliche Rolle. Er ist gegen die Verführung widerstandslos, immer galant und unterwürfig, er wird schonungslos gerupft (Abb. 69) und dann aus dem Hause gejagt, ohne jedoch auf andere als abschreckendes Beispiel zu wirken. Hin und wieder Blätter, die tiefer gehen. Eins zeigt ein junges Modedämchen in Spitzenkleid und Mantilla, wie es durch den Prado spaziert. Eine alte Frau in dürftiger Kleidung, gebeugt am Stocke gehend, bittet sie um ein Almosen; die aber wendet sich ab und stolziert, den Fächer schwingend, weiter. Dazu die Unterschrift: „Gott verzeihe ihr, es war ihre Mutter."

Abb. 78. Selbstbildnis des Künstlers. Aus den Caprichos (Bl. 1).
(Zu Seite 98.)

Dann werden die Torheiten der Häuslichkeit und das Elend der Ehe behandelt. Die Bestrafung der Kinder, ihre Furcht vor Gespenstern, mit denen die gewissenlose Mutter sie schrecken läßt, die Putzsucht der Frauen, die bösen Ratschläge der Dueñen, die Treulosigkeit der Gattin, die ein unglücklich verlaufendes Duell herbeiführt. Eine abgemagerte Alte mit erschreckenden Zügen sitzt vor dem Spiegel und betrachtet sich wohlgefällig in ihrem neuen Hut (Abb. 70). Ein Mädchen von blühenden Formen wird mit einem buckligen, abstoßend häßlichen Manne verheiratet, weil er reich ist und ihre hungernde Familie durchfüttern soll. Ein Paar ist durch eine Fessel — die Ehe — zusammengebunden und strebt mit Leibeskräften auseinander, ohne sie sprengen zu können (Abb. 71).

Wieder andere Blätter gehen gegen die Armee, den Adel und den Klerus. Hier hat der Künstler sich nicht die geringste Reserve auferlegt, weder in der Zeichnung noch im Kommentar. Ein Tropf von General, eine komische Gestalt, die nach Bürgergarde aussieht, kommandiert über Krüppel und Schwächlinge und verbringt die Zeit damit, daß er ihnen etwas vorschwatzt. Dazu die Unterschrift: „Seid ihr da? Also, aufgepaßt! Sonst …" und der Kommentar: „Weil er Stock und Kokarde trägt, bildet sich dieser Fanfaron ein, daß er ein höheres Wesen ist. Aber so aufgeblasen und unverschämt er gegen seine Untergebenen auftritt, ebensosehr kriecht er nach oben." Sehr witzig ist das gegen den Adel gerichtete Blatt „Die Faultiere" (Abb. 72). Zwei jämmerlich aussehende Edelleute, von denen einer am Boden liegt, stecken in sackartiger Kleidung, der auf der Brust Wappenschilder aufgestickt sind. Sie tragen Säbel und führen den Rosenkranz bei sich. Ihren Schädeln ist das Gehirn herausgenommen, die Ohren sind mit Schlössern versehen und die Augen von den Lidern bedeckt, damit sie nicht zu denken, zu hören, zu sehen brauchen. Dafür sperren sie den Mund auf, um sich von einer dritten Person (dem Volk?) füttern zu lassen, die mit Eselsohren und verbundenen Augen dargestellt ist. Dazu der Kommentar: „Wer nichts hört, nichts weiß, nichts sieht, gehört in die zahlreiche Klasse der Faultiere, die noch nie zu etwas gut war." Von beißendem Spotte und unerschrockener

Abb. 79. Steigen und Stürzen. Aus den Caprichos (Bl. 56).
(Zu Seite 98 u. 102).

Deutlichkeit sind die Ausfälle gegen den Klerus, der auf fünf Blättern als träg, habgierig und der Völlerei ergeben geschildert wird. Nr. 13: Zwei Mönche haben sich beim Essen den Mund verbrannt, und wie sie vor Schmerz das Gesicht verzerren, machen sich die Klosterbrüder darüber lustig; Kommentar: „Sie sind so gierig, daß sie's noch heiß hinunterschlingen. Auch wenn sich's um Genüsse handelt, muß man mäßig sein." Nr. 49 (Abb. 73): Drei Kuttenträger, einer mit grotesk großer Hand und großem Mund, sind mit schmunzelnden Mienen beim Schmausen und Zechen; Kommentar: „Die hier sind von andrer Sorte: lustig und guter Dinge, diensteifrig, vielleicht etwas gefräßig und habgierig, im übrigen aber gute, liebe Kerle und Ehrenmänner." Nr. 78: Eine Frau und zwei Männer in Mönchskutten sind mit Küchenarbeiten beschäftigt; Kommentar: „Die Gespenster sind wohl das arbeitsamste und dienstfertigste Volk, das man finden kann. Die Magd mag nur liebenswürdig zu ihnen sein, dann säubern sie die Schüsseln, putzen das Gemüse, besorgen den Braten, scheuern die Stuben und bringen die Kinder zur Ruhe. Man hat viel darüber gestritten, ob es Dämonen sind oder nicht. Irrt euch nicht, Dämonen tun nur Schlechtes, verhindern das Gute oder machen gar nichts." Nr. 79: „Niemand hat uns gesehen!" Fünf Mönche sind im Keller am großen Weinfaß und leeren mächtige Humpen; Kommentar: „Und was liegt daran, daß die Klosterbrüder in den Keller hinuntergegangen sind und einen Schluck Wein trinken, wenn sie die ganze Nacht gearbeitet haben und die Küchenpfannen wie von Gold glänzen." Nr. 80 (Abb. 74): Vier Mönche wachen gähnend auf und rufen: „Jetzt ist's Zeit"; Kommentar: „Sobald es Morgen wird, fliegt alles davon, Hexen, Gespenster, Visionen, Phantome. Es ist sonderbar, daß diese Brut sich nur bei Nacht und in der Finsternis sehen läßt. Niemand weiß, wo sie sich eigentlich am Tage aufhalten und verstecken. Wer so glücklich wäre, so ein Lager aufzustöbern, es mit fortzunehmen und es in einem Käfig zehn Uhr vormittags auf der Puerta del Sol (der Hauptstraße Madrids) sehen zu lassen, brauchte kein Majorat mehr zu erben."

Das Volk treibt die Frömmigkeit bis zur Gedankenlosigkeit und huldigt sinnlosem Aberglauben. Man betet vor aufgeputzten Vogelscheuchen (Bl. 52 mit der Unterschrift: „Was ein Schneider fertig bringt!"), nachts bei Mondschein schleicht sich ein Weib in Angst und Schrecken hinaus auf den Galgenhügel und bricht einem Gehängten die Zähne aus, um sie als Amulette zu benutzen (Abb. 75, Kommentar: „Ist es nicht bemitleidenswert, daß das Volk noch an solche Dummheiten glaubt?").

Auf zahlreichen Blättern wird der Hexenglauben behandelt. Für dieses unselige Kapitel

Abb. 80. Welch goldner Schnabel! Aus den Caprichos (Bl. 53).

europäischer Kulturgeschichte hat Goya
eine besondere und dauernde Vorliebe
gehabt. Hier haben wir keine Impressionen mehr, die dem Künstler
das tägliche Leben lieferte, und mit
Staunen nehmen wir wahr, in welch
unermeßliche Fernen seine Phantasie
sich zu schwingen vermochte. Zu der
Zeit, wo Goya diese Blätter schuf,
hatte auf spanischem Boden der letzte
Hexenprozeß schon ausgespielt, war
das letzte Opfer des Unsinns bereits
verbrannt. Aber die jahrhundertelang gehegten Vorstellungen zitterten
noch im Volke nach, und in der
Schweiz flammten die Scheiterhaufen
noch weit in Goyas Leben hinein.
Um dieselbe Zeit schrieb Goethe die
Szenen der Walpurgisnacht und der
Hexenküche im Faust. Interessant
ist zu sehen, wie die Wahngebilde
einen internationalen Charakter angenommen hatten. Wir finden in
Goyas Hexenblättern dieselben grausigen Vorstellungen, die in den deutschen Hexenprozeßakten unzählige

Abb. 81. Wie sie gerupft wird! Aus den Caprichos (Bl. 21).

Male, immer in der gleichen Gestalt, wiederkehren: den Teufel in der Maske eines großen
Bockes, das Reiten der Hexen auf Besenstielen (Abb. 76), die nächtlichen Zusammen-
künfte mit den höllischen Wesen, die unsauberen Festlichkeiten, die überwiegende Beteiligung der Frauen und hier wieder der älteren, die Katzen und die Menschenschädel
auf den Blocksbergen, die Eulen und Fledermäuse als Begleiterinnen des Fluges, die
Opferung der Kinder zu den teuflischen Gelagen, die Verwendung der Hexenschmiere, das
Brodeln von Giften und Zaubertränken im Kessel, dem Menschenknochen zur Feuerung
dienen, usw. Es ist kein einziger Zug darin, der dem deutschen Hexenglauben fremd
war. Wir wissen nicht, ob Goya seine Wissenschaft rein aus den Überlieferungen des
Volkes schöpfte, oder ob er sie durch Lektüre ergänzte, wie es Goethe tat. Aber sicher
ist, daß ein Geschichtschreiber des Hexenwesens diesen Wahnsinn nicht besser illustrieren
könnte. Welche phantastischen Gebilde erscheinen vor uns! Dantes Begabung gehörte
dazu, um all den Höllenspuk beschreiben zu können: die Scheusäler, in deren Leib das
Laster seine Spuren grub, die Teufelsfratzen, die Menschen mit allerlei Tierköpfen und
die Tiere mit Menschenköpfen, die Ungeheuer, nach denen man vergeblich die Natur-
geschichte fragt, gegen die der Drache des heiligen Georg in der mittelalterlichen Kunst
und Teniers' groteske Tiergestalten in der Versuchung des heiligen Antonius nur harmloses
Kinderspiel sind. Hier verfolgen Vögel mit Menschenköpfen ein junges Weib (Abb. 77); ein
Unhold, der auf seinen Schultern heulende Hexen trägt, durchsaust grinsend mit weiten
Fledermausschwingen die Nacht; ein andrer reitet auf einem riesigen Kater und pustet
schlafende Weiber an, daß sie erwachen; dort beschneiden sich Teufel die Krallen; zwei
Ungetüme, halb Schwein, halb Bär, halten Männer mit Raubvogelkopf und Eselsohren
umschlungen; von dämonischen Bärengestalten angereizt, fallen Hexen sich zerfleischend
übereinander her, während sie in der Finsternis die Lüfte durchfliegen.

Es ist interessant, daß der Künstler zum Titelblatt der Caprichos ursprünglich das
Bild bestimmt hatte, das jetzt die Nr. 43 trägt (Schlußabbildung). Hier hat sich Goya
selbst dargestellt, wie er auf dem Stuhl bei der Arbeit eingeschlafen ist, wie er, das
Haupt in die Arme vergraben, gebeugt über dem Tische liegt, und wie ihn im Traume

allerlei Nachtgespenster mit aufgerissenen Augen umschwirren, Eulen, Fledermäuse und Katzen. Eins der Tiere zu seiner Rechten hält ihm Griffel und Feder hin und fordert ihn auf, seine Träume zur Darstellung zu bringen. Mit Recht schien ihm das Blatt sinnbildlich für den ganzen Inhalt des Buches zu sein. Wie ein Motto steht am Arbeitstisch die Inschrift „Dem Vernünftigen erscheinen im Traume Ungeheuer", die er im Kommentar mit den Worten erweitert: „Phantasie ohne Vernunft führt zu Ungeheuerlichkeiten; vereinigt aber bringen sie wahre Kunst hervor und schaffen Wunder." Die von der Platte etwas abweichende Zeichnung ist 1797 datiert. Wahrscheinlich in letzter Stunde entschloß sich Goya, dem Werke lieber sein Selbstporträt voranzustellen, das uns den Künstler im hohen Hut zeigt, mit schwermütigen, griesgrämigen Zügen und deutlichen Spuren des Alters (Abb. 78).

Das Blatt Nr. 56 „Steigen und Stürzen" (Abb. 79) zeigt Goya in den Sphären philosophischer Weltbetrachtung. Da sitzt ein Riesenungetüm mit Bocksbeinen auf dem Erdball und hebt mit seinen mächtigen Armen einen Menschen an den Füßen hoch in die Luft. Der freut sich königlich ob seiner Höhe und seiner schönen Kleidung, Flammen schießen aus den Haaren und den Händen, er lacht und möchte tanzen vor Lust, — ohne zu ahnen, daß er im nächsten Augenblick genau so zu Boden geschleudert werden wird, wie die andern, die vor ihm hoch waren. Im Kommentar finden sich die pessimistischen Worte: „Das Schicksal behandelt den schlecht, der ihm den Hof macht. Die Mühe, die es kostete sich hoch zu bringen, geht in Rauch auf, und wer einmal hoch gekommen ist, den züchtigt das Schicksal, indem es ihn wieder hinabwirft." Dachte Goya an das eigene Geschick?

Ob die Caprichos auch politische Karikaturen enthalten, ist schwer zu sagen. Die Blätter, aus denen man Spitzen auf bestimmte Vorgänge in der Hofgesellschaft herausgelesen hat, sind zwar in hohem Grade verdächtig, aber zur Not läßt sich auch eine allgemeine Deutung finden. Für das eine, wie für das andere können gleich gute Gründe vorgebracht werden. Ich persönlich bin geneigt, die Frage im Grundsatz zu bejahen, nur der Umfang, in dem solche Anspielungen anzunehmen sind, ist mir zweifelhaft. Goya hat in einem Vorwort zur Buchausgabe ausdrücklich gegen die Unterstellung satirischer Tendenzen Verwahrung eingelegt. Wahrscheinlich auf die Erfahrungen hin, die er bei dem Vorlegen der Caprichos in seinem Freundeskreise machte, hatte er vorausgesehen, daß die Blätter mit bestimmten Personen in Verbindung gebracht werden würden. Das Vorwort ist aus irgendwelchem Grunde nicht zum Druck gekommen; die Handschrift war noch vor wenigen Jahrzehnten im Besitz des Kunstschriftstellers Carderera, ist aber heute verschollen. Es fragt sich nun, welchen Wert man dieser Verwahrung beizumessen hat, ob der schlaue Künstler, um sich vor Verfolgungen zu schützen, hier nicht dieselbe Verschleierung beging, wie mit den Unterschriften und dem Kommentar, die ohne Zweifel nur bestimmt waren, der Sache einen möglichst harmlosen Anstrich zu geben. Äußerungen Goyas aus späterer Zeit, wo er, auf fremdem Boden weilend, nichts mehr zu fürchten hatte, sind nicht überliefert worden.

Auch die Geschichte der Caprichos gibt keinen Aufschluß, sie ist verwirrend. Man vergegenwärtige sich: In stiller Klause zeichnet, radiert und druckt Goya die Blätter. Jahrelang hält er sie geheim, bis er sie guten Freunden vorlegt, die dringend vor einer Verbreitung warnen. Dann zirkulieren einige Bücher in Madrider Kreisen, der Herzog von Osuna erwirbt vier Exemplare. Allgemein deutet das Publikum an dem Inhalt und sucht nach Anspielungen auf die Hofgesellschaft. Da erwirbt der Staat — man sagt, auf Godoys Rat — 1802 mit einer jährlichen dauernden Ausgabe von 12000 Realen — sie ist bis 1817 nachzuweisen — sowohl die Kupferplatten wie die noch im Besitz des Künstlers vorhandenen 240 Exemplare. Man denkt unwillkürlich, es ist ein Schachzug des Ministers: er will den Skandal unterdrücken und will verhüten, daß noch mehr Bände ins Publikum kommen, und daß Goya weiter druckt. Aber nun geschieht das Wunderbare: 1806/7 läßt der Staat durch die Akademie eine neue Auflage herstellen, d. h. die 240 Exemplare sind trotz des anständigen Preises von 288 Realen inzwischen verkauft worden, und dieselben Personen, die angeblich auf einer Reihe von Blättern

Abb. 82. D. Manuel Godoy, Duque de Alcabia, Principe de la Paz. 1801. Madrid, Kunstakademie von San Fernando.
Nach einer Originalphotographie von J. Laurent & Cie., Madrid. (Zu Seite 100.)

mit den beißendsten Sarkasmen bedacht werden, wollen noch mehr verbreiten. Dazu kommt, daß Goya sich der Gönnerschaft der Mächtigen weiter erfreut, ruhig in seiner Hofmalerstellung verbleibt, 1800 das große Familienbild des Königshauses malt, und daß sich auch Godoy in der Folge wiederholt von ihm porträtieren läßt (Abb. 82). Im damaligen Spanien war freilich alles möglich. Es ist nicht ausgeschlossen, daß der beschränkte König in Unkenntnis blieb, und daß Königin und Minister sich mit Goyas Satiren abfanden.

Wenn man die Caprichos selbst fragt und prüfend sieht, wie hier im Spanien des achtzehnten Jahrhunderts gegen die Trägheit und Gefräßigkeit des eben seit Karls III. Tode wieder zu Macht und Einfluß gekommenen Pfaffentums, gegen die Untätigkeit der Granden und die Arroganz der Heerführer unverblümt die dicksten Bosheiten geschleudert werden, die der Kommentar womöglich noch verschärft, so will es freilich beinahe unglaublich erscheinen, daß Goya, der manchen Blick hinter die Kulissen des Hoflebens getan hatte, an dem ganzen Treiben und der Mißwirtschaft der Staatslenker mit blinden oder verbundenen Augen vorübergegangen sei. Gewiß, Goya war kein

Abb. 83. Bis auf seinen Urahn. Aus den Caprichos (Bl. 39). (Zu Seite 103.)

strenger Charakter: mit Ausdrücken höchsten Entzückens berichtete er in früheren Jahren dem Freund über jeden Handkuß, den er den Majestäten hatte geben dürfen, jedes Wort der Huld gab er in fast überschwenglicher Weise wieder; er verehrte die Königin, die ihn mit Gunst überhäuft, ihn in ihre Nähe gezogen und ihm einen Velasquez geschenkt hatte; er sah Godoys Herrschaft, der er mancherlei zu verdanken hatte, milder an, als dieser Elende verdiente. Aber sollte dieser unerbittliche Spötter und scharfe Beobachter nicht manchmal in stillen Stunden körperlichen und seelischen Leidens, in der einsamen Mansarde im Winkel der Calle de San Bernardino anders über seine Gönner geurteilt haben, sollte sich nicht, ihm mehr oder weniger bewußt, diese und jene Person vom Hofe in seine satirischen Zeichnungen als Modell eingeschlichen haben?

Ein weiteres Moment zur Beurteilung ist, daß gerade auf den politisch verdächtigen Blättern häufig die Tiermaske gewählt ist. Es treten Affen und Esel auf, während sonst keine Verkleidung vorkommt. Daß ein zwingender Beweis in keinem einzigen Falle zu führen ist, darf nicht wunder nehmen. Goya war klug genug, Satiren auf Personen des öffentlichen Lebens in ein Gewand zu kleiden, daß die Machthaber ihm nichts anhaben konnten und er immer durch eine moralphilosophische Erklärung gedeckt war. Eine andere Frage ist jedoch die, ob Goyas Zeitgenossen und seine französischen Bewunderer auf der Suche nach politischen und gesellschaftlichen Pikanterien einerseits und nach revolutionären Ideen anderseits nicht zu weit gegangen sind. Der alte Trunkenbold (Nr. 18, Kommentar: „Wohin der Wein führt!"), der in seiner Wohnung eine brennende Kerze umwirft und dadurch das Haus gefährdet, wurde auf König Karl IV. gedeutet, der durch seine Nachlässigkeit den Fortbestand des Staatswesens in Frage stelle, die gefallsüchtige, mit dem neuen Hut vor dem Toilettentisch sitzende Alte, über die sich heimlich die Kammerjungfer belustigt (Nr. 55, Abb. 70), sollte die Gräfin

Abb. 84. Nicht mehr und nicht weniger. Aus den Caprichos (Bl. 41). (Zu Seite 104.)

Benavente, die Mutter der Herzogin von Osuna, sein. In den nachts herumlaufenden Weibern, denen der Sturm in die Kleider fährt (Nr. 36, Kommentar: „Dem setzen sich junge Mädchen aus, die nicht zu Hause bleiben können"), sah man eine Anspielung auf die Königin, die bei nächtlichen Abenteuern ähnliche Erlebnisse gehabt haben sollte. Wie weit solche Deutungsversuche mitunter über die Wahrheit hinausschossen, geht daraus hervor, daß auch die Blätter 19 und 20, wo Dirnen im Beisein von Kupplerinnen den als Vögel mit Menschenköpfen dargestellten Liebhabern die Federn bis zur Nacktheit ausrupfen, um sie dann mit dem Besen zum Hause hinauszujagen, auf die Liebschaften der Königin bezogen wurden. Diese pflegte bekanntlich säuberlicher mit ihren Günstlingen umzugehen, sie nicht auszubeuten, sondern im Gegenteil zu Macht und Einfluß zu bringen. Die Königin suchte man überall. So in Blatt 2 (Dirnen auf dem Maskenball) mit dem Kommentar: „Ein Beispiel, wie manche Frauen nur in die Ehe treten, weil sie in ihr eine größere Freiheit zu finden hoffen", in Blatt 9, wo ein Liebhaber verzweifelt die Hände ringt, als seine Schöne in Ohnmacht liegt: man bezog es auf die bekannte Szene von 1792 gelegentlich der Entlassung des Grafen Florida=Blanca, wo die Königin die moralischen Vorhaltungen des Königs durch simulierte Weinkrämpfe entwaffnete, so daß er sich nicht zu helfen wußte, wie ein Verzweifelter herumlief und schließlich, um die Königin zu beruhigen, zu allem bereit war. Auch das Blatt „Steigen und Stürzen" (Abb. 79) wurde auf die wechselnde Gunst der Königin gedeutet. Ob bei der häufig wiederkehrenden Frauengestalt mit nationalem Typus, in schwarzem Spitzenkleid und Mantilla, tatsächlich die Herzogin von Alba Modell gestanden hat, wie ziemlich allgemein angenommen wurde, mag dahingestellt bleiben. Man wird in allen diesen Dingen nie klar sehen. Wie auch der Sinn ein=facher Blätter häufig verkannt wurde, wie man z. B. aus dem schon erwähnten Blatt 75 (Abb. 71) Goyas grundsätzliche Stellung gegen das Institut der Ehe ab=leiten wollte, wie man ferner bei den Hexenblättern die höllischen Wesen, die nur zur Nachtzeit ihr Wesen treiben, auf Jesuiten und In=quisition gemünzt wähnte, so haben auch hier als Folge üppiger Phantasie und hauptstädtischer Klatschsucht ohne Zweifel gewaltsame Übertreibungen statt=gefunden.

In dem alten Geck (Blatt 29), der sich im Frisiermantel mit Lektüre beschäf=tigt, während die Diener ihn ankleiden und frisieren, glaubte man den Herzog del Parque zu erkennen, von dem erzählt wurde, er pflege seine Staatsgeschäfte

Abb. 85. Bis du nicht mehr kannst. Aus den Caprichos (Bl. 42). (Zu Seite 105.)

Abb. 86. Ausschnitt aus dem Kuppelfresko der Totenerweckung des Heiligen Antonius von Padua in San Antonio de la Florida bei Madrid. 1798. (Zu Seite 110.)
Nach einer Originalphotographie von J. Laurent & Cie., Madrid.

während der Toilette zu erledigen. Der Kommentar sagt ironisch: „Ob er sich nun pudern oder die Schuhe anziehen läßt, oder ob er schläft, immer studiert er! Man wird nicht behaupten dürfen, daß er seine Zeit nicht ausnutzt." Am meisten kann man sich mit der Deutung der Blätter 37—42 befreunden, die von jeher mit Godoy in Verbindung gebracht wurden. Sehr beachtenswert ist, daß diese sechs Blätter ein abgeschlossenes Ganze bilden, noch mehr aber, daß bei der Festsetzung der Reihenfolge die zeitliche Entwicklung beachtet zu sein scheint. So, wie sie geordnet sind, zeigen sie Godoys Geschichte von 1789 bis 1797: den Eintritt in den Staatsdienst, das allmähliche Gewinnen der Gunst auch des Königs, die Verleihung der Herzogswürde und das daraus entspringende Bedürfnis nach Ahnen und schließlich die Folgen seines Regiments, das Elend des Landes. Auf Blatt 37 bringt ein ergrauter Esel, mit der Rute in der Hand, einem jungen Sprößling seiner Rasse das Abc bei. Godoy hatte, bevor seine unerhörte Karriere begann, auf den Wunsch der Königin bei Mollinedo, einem alten Beamten im Ministerium des Auswärtigen, politischen Unterricht nehmen müssen. Die harmlose Unterschrift „Wird der Schüler mehr wissen als der Lehrer?" wird im Kommentar ebenso harmlos beantwortet: „Ob es mehr oder weniger sein wird, ist schwer zu entscheiden; sicher ist nur, daß der Lehrer die wichtigste Person ist, die es gibt." Auf Blatt 39 (Abb. 83) ist ein Esel in würdiger Haltung mit dem Studium eines großen Buches beschäftigt, auf dessen geöffneten Seiten man lauter kleine Eselsfiguren erblickt. Gegenüber dem in Madrid verbreiteten Gerüchte, Godoy sei von niedriger Herkunft, hatten sich diensteifrige Schmeichler gefunden, welche seine Abstammung von den alten westgotischen Königen und seine Verwandtschaft mit dem Königshause darzulegen versuchten. Godoy hat später in seinen Memoiren (I, 11) Veranlassung genommen, sowohl jene Gerüchte, wie die aufgestellten Stammbäume zurückzuweisen. Nach dem Kommentar handelt es sich um Ahnenschnüffelei im allgemeinen mit ihren verderblichen Folgen: „Das arme Tier! Die Genealogen haben ihm den Kopf verdreht. Es ist nicht das erstemal, daß so etwas vorkommt." Sehr drollig ist Blatt 41 (Abb. 84), wahrscheinlich eine Satire auf den Maler Carnicero, der Godoy porträtierte. Ein Affe malt das Bild eines auf den Hinterbeinen sitzenden Esels, dessen hellbeleuchtete Züge er aufmerksam studiert. Der Kopf ist auf der Leinwand schon fertig, aber es ist kein richtiger Eselskopf mit langen Ohren geworden, sondern mehr ein Löwenkopf mit gewaltiger Mähne. Darunter die Unterschrift: „Nicht mehr und nicht weniger" und im Kommentar die Erklärung: „Es ist ganz richtig, daß er sich malen läßt; auf diese Weise werden wenigstens solche, die ihn nicht gesehen und nicht gekannt haben, erfahren, wie er aussieht." Ein zweiter Kommentar, den Goya in späterer Zeit verfaßte, besagt: „Ein Tier, das sich malen läßt, bleibt immer ein Tier, selbst wenn es auf seinem Bilde Kragen und Perücke trägt und der Maler sich bemüht hat, ihm alle erdenkliche Würde hinzuzudichten." Auf Blatt 38 lauscht ein Esel tief ergriffen, die Vorderfüße in den Schoß legend, dem Saitenspiel eines Affen, während sich die Umgebung hinter seinem Rücken über ihn lustig macht. Der Kommentar bemerkt: „Wenn es zum Verständnis genügt, Ohren zu besitzen, braucht man nicht weiter intelligent zu sein; aber es ist zu fürchten, daß man mit Vorliebe dann Beifall klatscht, wenn die Klänge gerade nicht harmonisch sind." Man erzählte, Godoy

Abb. 87. Engel von den Gewölben der Seitenschiffe in San Antonio de la Florida bei Madrid. (Zu Seite 111.)

habe die Gunst des Königs durch Gesang und Saitenspiel erobert, mit dem er die Hofgesellschaft öfters unterhielt. Auch gegen dieses Gerücht hat Godoy in seinen Memoiren (I, 17—19) protestiert. Mehrere Blätter wurden auf Godoys Mißwirtschaft bezogen. Die unglücklich verlaufenen Kriege, die seit seinem Regierungsantritt geführt worden waren, hatten ungeheure Summen gekostet, und schwer seufzte das Volk unter dem furchtbaren Steuerdruck. Über Land und Hauptstadt brütete eine dumpfe Stimmung, allgemein wurde Godoy als der Urheber der Not bezeichnet. Auf Blatt 40 fühlt ein Esel einem Kranken, der im Bett liegt, den Puls. Unterschrift: „An welcher Krankheit wird er sterben?" Kommentar: „Der Arzt ist ausgezeichnet: er denkt nach und hat Verständnis für den Ernst der Situation. Was kann man mehr verlangen?" Auf

Abb. 88. König Ferdinand VII. von Spanien. Um 1803. Madrid, Visconde de Val de Erro.
Nach einer Originalphotographie von J. Laurent & Cie., Madrid. (Zu Seite 115.)

Blatt 42 (Abb. 85) tragen, der Erschöpfung nahe, zwei Männer, echte Spanier, wohlgenährte
Esel, die sich behaglich auf ihren Rücken niedergelassen haben und den vermeintlichen Reit-
tieren zur Aufmunterung die Sporen in die Weichen treiben. Wenn es richtig ist, daß Goya
in dem Esel Godoy darstellte, in dem Kranken den spanischen Staat und in den beiden
mühsam ihre schwere Last tragenden Männern die Königreiche Kastilien und Aragonien,
so haben wir hier die inhaltlich bedeutsamsten und blutigsten Satiren des ganzen Buches.

Zur Kennzeichnung der politischen Mißstimmung, die damals in Spanien herrschte,
sei gestattet, auf eine Schrift hinzuweisen, die 1797, also zu derselben Zeit wie die

Caprichos, unter dem Titel Pan y Toros (Brot und Stiere) erschien und lange, wohl
fälschlich, Goyas Freund, dem Staatsmann Jovellanos zugeschrieben wurde (veröffentlicht
in Jovellanos' Werken, Baumgarten I, 89 ff., v. Sybels Zeitschrift X, 323 ff.). Sie
bespricht in der denkbar schärfsten Weise die trostlosen Zustände des Landes: die Armut
und Bettelei, die allgemeine Trägheit und Gedankenlosigkeit, die verwahrloste Volksbildung,
die erschreckende Lasterhaftigkeit, die rohen Sitten wie die Leidenschaft für Stiergefechte,
den heillosen Aberglauben, die Macht eines mittelalterlich fanatischen Klerus, den Druck
der Steuerlast, die Mängel der Verwaltung und des Gerichtswesens, die Untüchtigkeit
der Armee, die Willkür der Regierung, den unwürdigen Einfluß eines sittenlosen, unfähigen Günstlings und schildert die Gesamtlage der Nation mit einem Gemisch von
Bitterkeit und Vaterlandsliebe, wie sie beide Spanien in diesem Grade vielleicht noch
nicht erlebt hatte. Spanien, heißt es, sei arm an Menschen und Gewerbtätigkeit; die
Felder lägen öde und unbebaut, die Menschen verkämen in Schmutz und Faulheit, die
Ortschaften seien von Ruinen bedeckt. Schlimmer noch stehe es mit der Bildung, denn
über einen bestialischen Pöbel erhebe sich ein Adel, der mit seiner Unwissenheit prahle,
und über den schlechtesten Schulen ständen Universitäten, die nur die Vorurteile barbarischer
Jahrhunderte pflegten. Das Kriegswesen scheine zwar auf der Höhe zu sein, denn
Spanien habe Generale genug, um alle Heere der Welt zu kommandieren, Regimenter
und Schiffe genug, um alle Nationen zu schrecken; aber die Generale taugten nur, die
Kassen vollends zu leeren und die Soldaten, ihre Mitbürger, zu schinden. „Die Haupt-
stadt hat mehr Kirchen als Häuser, mehr Priester als Bürger. Selbst in den schmutzigsten
Winkeln und den abscheulichsten Höhlen des Lasters fehlt es nicht an Heiligenbildern,
Wachsfiguren, Weihkesseln und frommen Lampen. Auf jedem Schritt begegnet man einer
Bruderschaft, einer Prozession oder einem Rosenkranzgebet." Am allerkläglichsten sei der
Zustand der Gesetzgebung. Zwar gäbe es mehr Gesetze als menschliche Handlungen und
wieder mehr Richter als Gesetze. Aber während alle Augenblicke Verordnungen hinzu-
kämen, die mit derselben Schnelligkeit gemacht würden, wie man Amen sage, koste die
Berufung auf ein altes Recht einen Prozeß von 100 Jahren, und während die Richter
20 Bürger an einem Tage hängten, disputierten sie 20 Jahre, ehe sie das Urteil über
ein Maultier sprächen. Und das Steuersystem! „Es ist eine Wonne, durchnäßt und
durchkältet in einer spanischen Schenke anzukommen und dann sein Mahl bei den Krämern
zusammensuchen zu müssen, welche das Privilegium haben, der eine Wein, der andere
Öl, der dritte Fleisch, der vierte Salz zu verkaufen; will man einen Scheffel Hafer haben,
muß man erst den Beamten auftreiben, der allein Getreide zumessen darf; will man
einen Schlauch Wein aus einem Dorf in das andere bringen, muß man eine Finanz-
wache zahlen, die ihn begleitet." In derselben Stimmung schrieb im September 1797
der junge, Goya befreundete Dichter Quintana seine schwungvolle Ode an Juan de
Padilla, den Führer des Comuneros-Aufstandes von 1521, und in der hohen Beamten-
schaft war der Unwille über Godoys Regiment mit den Jahren soweit gediehen, daß der
Rat von Kastilien, die oberste Instanz für Verwaltungs- und Rechtssachen, die Kühnheit
hatte, dem König über seinen ersten Minister mit einer Sprache die Wahrheit zu sagen,
wie sie seitens einer ersten Landesbehörde in der Geschichte Europas vielleicht einzig
dasteht (Baumgarten I, 91, 93). Den Anlaß gab ein Kabinettsbefehl, der alle
Entscheidungen des kastilischen Rates der Genehmigung Godoys unterstellte. Der
Rat, heißt es in dem Schreiben an den König, wisse sehr wohl, welche verächtliche
Feder, den geheiligten Namen der Majestät usurpierend, diese schimpfliche Verordnung
geschrieben habe. Wer S. M. zu einem so unbegreiflichen Schritte veranlaßt habe,
sei ein „nichtswürdiger Verführer, der längst in den fernsten Winkel der Erde hätte
verbannt werden sollen". Wenn die Monarchie länger so regiert werde, wie in den
letzten Jahren, so „sieht der Rat mit betrübtem Herzen den Untergang des Reiches
vor Augen, ja (er zittert es aussprechen zu müssen) den fluchwürdigen Umsturz des
Thrones. Möge daher Ew. M. aus der tiefen Lethargie erwachen, in der sie seit so
langer Zeit liegt; Ew. M. muß endlich die gemeinen Verführer abschütteln, welche sie
umstricken."

Abb. 89. König Ferdinand VII. 1808. Madrid, Kunstakademie von San Fernando.
Nach einer Originalphotographie von J. Laurent & Cie., Madrid. (Zu Seite 115.)

Der zweiten Ausgabe der Caprichos von 1806/7 sind 1856, 1891 und 1906 noch weitere gefolgt. Die späteren Drucke haben naturgemäß, nachdem die Kupferplatten abgenutzt und überarbeitet sind, nicht entfernt die Kraft, die Luftwirkung und das lebendige Kolorit wie die früheren Abzüge, von den Probe- und Vorzugsdrucken ganz zu schweigen.

Abb. 90. Erschießung von Straßenkämpfern durch die Franzosen in der Nacht zum 3. Mai 1808. Madrid, Pradomuseum. (Zu Seite 118.)

Was man heute von der Madrider Akademie erhält, ist nur der Inhalt der Blätter und nicht mehr das Kunstwerk in seiner Ursprünglichkeit. Nichtsdestoweniger kann, unter dieser Reserve, im Hinblick auf den billigen Preis und die ungeheure Anregung, die diese Blätter bieten, der Ankauf der Serie empfohlen werden.

*　　*　　*

Eine halbe Stunde vor den Toren von Madrid, in den Auen des Manzanares, liegt zwischen Bäumen versteckt und von Wein und Blumen umrankt ein unscheinbares Kirchlein, das dem Heiligen Antonius geweiht ist. Schon seit Jahrhunderten stand ein Gotteshaus in der Florida, zu dem das junge Volk von weit und breit zu wallfahrten pflegte, um den Schutz des Heiligen in Liebesangelegenheiten zu erflehen. Karl IV. ließ es niederlegen und 1792 am Abhang des Höhenzuges, nahe dem Lustschlößchen Casa del Campo, von den Mönchen von San Jeronimo ein Grundstück erwerben, auf dem Juan de Villanueva während der folgenden Jahre die gegenwärtige Kapelle San Antonio de la Florida im Stil der Spätrenaissance erbaute. Die kleine Kirche birgt Goyas bedeutendste Freskenschöpfung und mit ihr das Meisterwerk seiner koloristischen Begabung.

Wie wenig die Caprichos bei dem König persönlich angestoßen hatten, ersieht man daraus, daß er kurz nach ihrem Erscheinen Goya mit der Ausschmückung des neuen

Abb. 91. Pulverfabrikation der Guerilleros in der Sierra de Tardienta. Um 1810. Madrid, Palacio Real.
Nach einer Originalphotographie von J. Laurent & Cie., Madrid. (Zu Seite 131.)

Kirchenbaues beauftragte. Der Künstler begann die Arbeit am 1. August 1798 und führte sie ohne Unterbrechung in drei Monaten zu Ende. Wie sich aus den noch vorhandenen Rechnungen feststellen läßt, stand alltäglich morgens vor seiner Wohnung eine Kalesche bereit, die ihn — zu dem überraschend hohen Preise von 56 Realen — in die Florida hinaus- und abends wieder hereinfuhr.

Für das Kuppelgewölbe wählte Goya einen Vorgang aus der Legende. Der Heilige Antonius erweckt einen Toten, um durch dessen Aussage einen Greis, der jenen ermordet haben soll, vor der erregten Menge zu retten. Goya hatte hier nicht, wie in der Pilar zu Zaragoza und in San Francisco el Grande, auf die akademische Richtung Rücksicht zu nehmen und behandelte den Vorwurf realistisch. Die Szene spielt sich auf dem Friedhof eines Dorfes ab, mitten in freier Landschaft mit gebirgigem Hintergrund. Mit erhobenen Händen, in vorgebeugter Haltung, steht der Heilige, eine hagere Mönchserscheinung, auf einem Felsblock, während vor ihm der aus dem Grabe genommene, schon halb verweste Leichnam sich plötzlich aufrichtet und zu sprechen beginnt. Staunen

Abb. 92. **Welcher Mut!** Aus: Los Desastres de la Guerra (Bl. 7). (Zu Seite 124 u. 126.)

ergreift das um den Heiligen gescharte Volk, Männer, Weiber und Kinder. Seitwärts aber, kaum gesehen, breitet der des Mordes Beschuldigte seine Arme aus, um dem Himmel für das Wunder zu danken.

In der kräftigen Betonung der Gebärden und Bewegungen, sowie in den reichlich zugeteilten genrehaften Zügen zeigt sich die realistische Auffassung (Abb. 86). Knaben, echte Gassenjungen, klettern an dem Geländer herum, hinter welches der Vorgang verlegt ist, und strecken ihre — verkürzt gemalten — Beine scheinbar in den Kuppelraum hinaus. Nur wenige Schritte von dem sich vollziehenden Wunder entfernt, aber ihm abgewandt, mit den Ellbogen über die Balustrade gelehnt, stehen zwei Mädchen, reife Schönheiten andalusischer Art, in reicher, bunter Gewandung und plaudern mit beredter Augensprache stillvergnügt und verloren von Dingen, die mit dem die Gemüter rings erregenden Geschehnis nicht das mindeste zu tun haben.

Unter den Zuschauern gewahren wir die verschiedenartigsten Affekte, von der bloßen Neugierde bis zur tiefsten seelischen Ergriffenheit. Unbefangen ist die Handlung in die Umgebung Madrids verlegt und die bunt zusammengewürfelte Menge in das Kostüm des achtzehnten Jahrhunderts gekleidet. Der Heilige trägt die Tonsur und die Kapuzenkutte der Franziskaner, die Männer erscheinen im spanischen Mantel, die Frauen in den farbenprächtigen Trachten des spanischen Volkes. Wahrscheinlich sind Modelle benutzt worden, für den Heiligen irgendein Mönch aus einem benachbarten Kloster, für die Volksgruppen Bettler, Landleute, Frauen und Kinder, die der Künstler auf seinem täglichen Wege gefunden haben mag. Wie der Vorgang eindrücklich wie nach einem erlebten Ereignis geschildert ist, so erscheinen auch die Personen, im Gegensatz zu den konventionellen Typen von Zaragoza, mit dem lebendigen Ausdruck ihrer Empfindungen als wirkliche Menschen aus Goyas Zeit. Die Hauptgruppe nimmt nur einen verhältnismäßig geringen Teil der Kuppel ein, aber es ist merkwürdig, wie sich auf sie das Interesse vereinigt und das Auge immer wieder aus dem Reichtum der Gestalten auf den schlichten Mönch zurückkehrt, der sich in scharfer Silhouette am hellen Himmel abzeichnet.

Auch die übrigen Fresken der Kirche sind Kinder der Zeit, nur in anderer Beziehung. In den Engeln und Putten, die die Zwickelfelder der Kuppel, die Wandflächen an den Fenstern, die Wölbungen der Seitenschiffe und die Apsis bedecken, ist nicht eine Spur von dem stillen, frommen Liebreiz und der keuschen Ursprünglichkeit zu finden, die solche Gestalten auf den Bildern der alten Italiener, Niederländer und Deutschen zeigen. Diese Engel sind spanische Frauen mit weltlichen Reizen, lächelnden, lockenden Gesichtern und koketten Stellungen, Erzeugnisse reiner Dekorationskunst (Abb. 87). Der Künstler, der soeben im Lande Murillos mit einer geistreich erfundenen Komposition den Realismus in die Kirche getragen und im Kuppelgewölbe seine Schilderungen breit und kräftig hingestrichen hat, schwelgt plötzlich in einem Formenrausch der Schönheit, einer Glätte und Weichlichkeit, die unwillkürlich den Gedanken an die französischen Genossen des Rokoko wachrufen. Die Engel sind in reiche, goldgestickte Gewänder gekleidet, ihre Flügel schillern in allerlei Farben, und das Inkarnat der blühenden Gesichter steht gegen weiß und goldene Stoffmassen. Nur die gleichmäßige Heiterkeit der Farbengebung und die intime Wirkung des kleinen, sonst schmucklosen Raumes verhindert, daß der innere Gegensatz zwischen den unteren und oberen Fresken grell zutage tritt.

Man hat viel von diesen Engeln gefabelt. In Schilderungen ist das Sinnliche der Augen und Bewegungen ungebührlich übertrieben worden, und der Klatsch, stolz Tradition genannt, wußte allerlei Räubergeschichten von der Entstehung der Fresken zu melden. Vor Jahren pflegten die Fremdenführer unter nicht mißzuverstehenden Mienen auf eine Figur rechts vom Hauptaltar mit den Worten zu zeigen: „La duquesa de Alba". Allen Ernstes wurden Anekdoten erzählt, die auf so tiefer Stufe stehen, daß sie sich hier nicht wiedergeben lassen. Man wollte wissen, daß die Damen der Hofgesellschaft, sogar der Demimonde bei den Engeln Modell gestanden hätten, und daß der Künstler deshalb bei dem König in Ungnade gefallen sei, während die Inquisition wegen solcher Verketzerung eines Kirchenraumes mit der Verfolgung gedroht habe. Diese Märchen, die ja gern geglaubt und von urteilslosen Schriftstellern gierig aufgenommen werden,

Abb. 93. Immer dasselbe! Aus: Los Desastres de la Guerra (Bl. 3). (Zu Seite 126.)

weil sie ihnen in das Charakterbild zu passen scheinen, erledigen sich schon dadurch, daß die Engel durchweg dieselben Züge tragen, also einfach Goyas Schönheitsideal entsprechen, und daß der König Goya nach der Ablieferung der Fresken am 31. Oktober 1798 zum ersten Hofmaler — mit 50 000 Realen Gehalt und 500 Dukaten Equipagegeldern — ernannte und im folgenden Jahre mit dem bereits besprochenen großen Repräsentationsbilde der königlichen Familie betraute.

Ebenso töricht ist, aus dem profanen Charakter der Fresken gegen Goya einen Vorwurf zu erheben oder gar auf eine kirchenfeindlich=revolutionäre, unreligiöse Gesinnung des Künstlers zu schließen. Die Engel von San Antonio sind nicht um ein Haar frivoler als tausend andere Gestalten, mit denen das Zeitalter des Barock und des Rokoko nach dem Vorgange der Spätitaliener und Franzosen seine Kirchen geschmückt

Abb. 94. Die Betten des Todes. Aus: Los Desastres de la Guerra (Bl. 62). (Zu Seite 126.)

hat. Die Leichtfertigkeit der Auffassung ist hier und da sogar überboten worden, sie gehört zu den Zeichen der Zeit. Wie es um Goyas religiöses Empfinden bestellt war, wissen wir nicht. Tatsache ist aber, daß sein Briefwechsel mit Zapater, der bis 1801 reicht, eher für, als gegen eine warme Überzeugung im Sinne des katholischen Glaubens spricht. Seinen Briefen setzt er meist das Zeichen des Kreuzes vor, Gott und die Madonna kehren öfter in ihnen wieder. Als er sich einmal krank fühlt, ersucht er den Freund zur Maria zu beten, daß sie ihm wieder Arbeitslust verleihe. Ein andermal, als Zapater nach dem Tode seines Vaters ihn um ein Madonnenbild bittet, schreibt Goya: „Ich male Dir die heilige Jungfrau, so schön ich's vermag. Gott lasse uns das Leben für seinen heiligen Dienst." Wenn auch aus den schon angedeuteten Gründen solchen Äußerungen vielleicht nicht viel Gewicht beizumessen ist, zumal sie noch in die achtziger Jahre fallen, so sind sie doch immerhin bemerkenswert. Die Angriffe gegen Mönchtum und Inquisition, die in den Radierungen vorkommen, sind nicht ohne

weiteres als Ausbrüche einer wilden Freigeisterei zu deuten. Mit dem frommen Empfinden
haben sie nichts zu tun, sie schließen nicht aus, daß Goya ein guter Sohn der Kirche
war. Wie Jovellanos, der Gelehrte und Staatsmann, gehörte er wohl zu den Geistern,
die in der Macht des Klerus ein Erbübel des spanischen Volkes erblickten, eine Anschauung,
die damals in den gebildeten Schichten Madrids vielfach geteilt wurde. Eine Reihe
von Vorgängen bestätigt, daß sich zu derselben Zeit, wie jenseits der Pyrenäen, auch in
Spanien eine freiere Geistesrichtung entwickelt hatte, die zwar im ganzen auf enge
Kreise der städtischen Bevölkerung beschränkt blieb, die aber um so größeren Einfluß
gewann, da Karl III. und seine Minister sich zu ihr bekannten. So kam es, daß die
Regierung, dem Beispiel Portugals und Frankreichs folgend, 1767 die Austreibung der
Jesuiten verfügte. Der Erlaß wurde nach strenger Geheimhaltung um dieselbe Stunde

Abb. 95. Den sind wir los. Aus: Los Desastres de la Guerra (Bl. 36). (Zu Seite 126.)

in allen Provinzen des Königreichs veröffentlicht und sofort derart durchgeführt, daß die
4—5000 Jesuiten, die Spanien zählte, in den nächsten Hafenplatz gebracht und auf
bereit gehaltenen Schiffen nach dem Kirchenstaat übergeführt wurden. Im Anschluß an
diese Maßregel betrieb Spanien, von den übrigen Bourbonenstaaten, Frankreich, Neapel,
und Parma, unterstützt, beim päpstlichen Stuhle die Aufhebung des Jesuitenordens, die
dann 1773 durch Clemens XIV. tatsächlich erfolgte. In gleicher Weise waren Karls III.
Minister Graf Aranda und Graf Florida-Blanca bestrebt, die Macht der Inquisition
zu brechen, die Herrschaft des Klerus einzudämmen und dem geistlichen Einfluß das
Schulwesen zu entziehen. Dieser Geist der „Aufklärung“ fand nach dem Tode des
persönlich zwar strenggläubigen, aber liberal denkenden Königs durch den Ausbruch der
französischen Revolution eher eine Stärkung als eine Schwächung. Zwar gelang es
der Inquisition, bei den mißlichen Zuständen des Hofes vorübergehend wieder an
Boden zu gewinnen, der Kampf zwischen Regierung und Kirche entbrannte dann
aber um so heftiger. Gerade zu der Zeit, wo die Caprichos erschienen, hatte Godoy

Abb. 96. Weil er ein Messer bei sich hatte. Aus: Los Desastres de la Guerra (Bl. 34). (Zu Seite 126.)

gegen die Angriffe der Priester seine eigene Haut zu wehren. Die durch seine Politik herbeigeführte Annäherung Spaniens an die gottlose Republik, der Vertrag von Ildefonso, mehr noch aber der sittenlose Lebenswandel des Ministers und seine freien Äußerungen über die Kirche hatten bei dem Klerus die äußerste Mißstimmung erregt. Nur mit Mühe entging der Liebling der Königin, der auch nach seiner Verheiratung mit Da. Maria Teresa de Borbon sein altes Verhältnis zu einer Andalusierin schamlos fortsetzte und von der öffentlichen Meinung der Doppelehe bezichtigt wurde, dem Kerker des Inquisitionsgerichts. Zudem waren französische Flüchtlinge schon seit Jahren eifrig beschäftigt, Anhänger für die Ideen der Revolution zu werben, geheime Gesellschaften entstanden, anonyme Schriften führten, wie gegen den Hof, so gegen die Kirche eine unerschrockene Sprache, und die Staatsmänner, die unmittelbar vor und nach Godoys Verabschiedung (1798) die Geschäfte führten, Jovellanos, Saavedra und Urquijo, waren, ohne gerade radikalen Einflüssen zu erliegen, einig im Kampfe gegen die hierarchische Macht. Jovellanos begann als Justizminister seine Tätigkeit mit einer Änderung des Inquisitionsgerichtsverfahrens, und Urquijo machte sogar den Versuch, die spanische Kirche vom Papst zu emanzipieren.

Im Rahmen all dieser antiklerikalen Maßnahmen und Strömungen will Goyas Stellung zur Kirche beurteilt sein. Man hat an die Zustände seines Landes zu denken und sich die politischen Verhältnisse der Zeit gegenwärtig zu halten. Sie erklären auch, warum die Mönchsblätter der Caprichos, wie es scheint, unangefochten blieben. Es mag sein, daß einige Teile der Fresken von San Antonio bei strengen Klerikern Anstoß erregten; aber Nachrichten fehlen darüber. Jedenfalls hat man sich heute mit den Engelgestalten ausgesöhnt, und dem Besucher der kleinen, heute leider halb vergessenen Kirche kann es passieren, daß ihn auf dem Gange durch den stimmungsvollen Raum ein würdiger Priester geleitet.

Die Fresken sind prachtvoll gehalten, nur die Malereien der Apsis haben durch Feuchtigkeit schwer gelitten und sind schon frühzeitig restauriert worden. Natürlich säumte man nicht, die fremde Hand mit der angeblichen Mißstimmung des Königs in Verbindung zu bringen. An Goyas Urheberschaft ist aber auch in diesem Teile nicht zu zweifeln.

Die neuerdings umlaufenden Gerüchte, daß die Fresken von San Antonio ins Ausland verkauft seien, scheinen sich nicht zu bestätigen.

* * *

Mit dem Jahre 1808 nahmen die Geschicke Spaniens eine verhängnisvolle Wendung. Eine lange Kette von Vorgängen leitet das große Drama ein: der wachsende Unwille über den schwachen König und die Skandale am Hof, die Mißstimmung über die auswärtige Politik des Günstlings, der seit 1802 wieder am Ruder war, die Verschwörung und Verhaftung des Thronerben, des Prinzen Ferdinand von Asturien, das Eingreifen Bonapartes, der Einmarsch der französischen Truppen, der Volksaufstand zu Aranjuez in der Nacht vom 17. zum 18. März 1808, der Sturz des Friedensfürsten, die Abdankung des Königs und die Thronbesteigung Ferdinands VII.

König Ferdinand war eitel genug, über Goyas Beziehungen zu Marie Luise und Godoy, die er beide gleich leidenschaftlich haßte und verachtete, hinwegzusehen und ließ sich in den wenigen Tagen Madrider Aufenthaltes, die dem Einzug folgten, von dem Hofmaler zweimal porträtieren, einmal stehend im Lager (Prado), das andere Mal im Felde zu Pferd (Abb. 89). Trotz der eiligen Entstehung sind diese Bilder in der Charakteristik wohl gelungen. Wenn man diesen unruhigen, lauernden Blick, dieses boshafte, heimtückische Gesicht sieht, begreift man, daß es nur der ungeheure Druck der Lage war, der das Volk von Madrid bei dem Einzuge des neuen Königs in hellsten Jubel ausbrechen ließ, und daß das Land, das in der Folge sechs furchtbare Jahre in der heldenmütigsten Weise für Ferdinands Rechte gerungen hat, von dem angebeteten Herrscher nichts weniger als Dank erntete.

Ferdinand hätte Besseres zu tun gehabt, als sich in diesen Tagen malen zu lassen. Schon am 21. März waren 40000 Franzosen von der Guadarrama in die kastilische Hochebene hinabgestiegen, um die Hauptstadt zu besetzen, und während der König am 24. bei dem herrlichsten Frühlingswetter unter dem Geläute von vielen hundert Kirchenglocken und unter den Jubelrufen der überschwenglich begeisterten Menge seinen Einzug hält und sechs Stunden braucht, um durch die Menschenmassen und den Blumenregen von der Puerta de Toledo bis zum Schlosse durchzukommen, läßt Murat an Punkten, die der Zug berührt, seine Truppen manövrieren, ohne von dem Ereignis die geringste Notiz zu nehmen. Er erscheint auch im Schlosse nicht, um den König zu begrüßen, und als die Gesandten der Mächte ihre Aufwartung machen, fehlt allein der Vertreter Frankreichs. Im Zeughause findet Murat den Degen, den Franz I. in der Schlacht bei Pavia den siegenden Spaniern hatte übergeben müssen, und fordert ihn als Geschenk für den Kaiser, weil er in Madrid eine kränkende Erinnerung sei. Alsbald fahren der Herzog del Parque und die obersten Beamten des Zeughauses in zwei aufs reichste bespannten, von acht Lakaien begleiteten Galawagen vor Murats Palaste vor und überbringen ehrerbietigst den auf silberner Schüssel und kostbaren Decken liegenden Degen (Baumgarten 185 ff.). Mit Murren sieht das getreue Volk das dreiste Schalten der Fremden, vor denen der übelberatene König sich täglich mehr erniedrigt, um die Gunst Napoleons zu erringen.

Das Drama beginnt. Napoleon hatte leichtes Spiel. Die besten spanischen Truppen waren auf seine Weisung nach Dänemark gegangen und kämpften dort gegen die Engländer. Bald trat die längst gehegte Absicht, dem Königtum der Bourbonen auch in Spanien ein Ende zu machen, unverhüllt zutage. Unter dem Vorwande einer persönlichen Unterredung wird König Ferdinand, der am 10. April Madrid verlassen hatte, um den Kaiser in Burgos zu empfangen, von Napoleon auf französischen Boden nach Bayonne gelockt, wo sich auch Karl IV. einfand, der inzwischen seine Thronentsagung als erzwungen widerrufen hatte.

Unterdessen waren in Madrid Spannung und Aufregung mit jedem Tage gewachsen. Es gelang Ferdinand, über einsame Pyrenäenpässe in die Hauptstadt Nachrichten zu

Abb. 98. Wer könnte das mit ansehen! Aus: Los Desastres de la Guerra (Bl. 26). (Zu Seite 127.)

Abb. 99. Begraben und schweigen! Aus: Los Desastres de la Guerra (Bl. 18). (Zu Seite 127.)

senden, die über die Lage und die ihm widerfahrende Behandlung aufklärten, und als die Bevölkerung erfuhr, daß auch die in Madrid noch anwesenden Mitglieder des Königshauses auf Napoleons Befehl sich in Bayonne einstellen sollten und nötigenfalls mit Gewalt fortgeführt würden, kam der im stillen angesammelte Haß zum Ausbruch. Schon in der Frühe des 2. Mai, auf den die Abreise des Infanten Francisco angesetzt war, hatten sich vor dem Schlosse, durch herbeigeströmte Bauern verstärkt, dichte Volksmassen zusammengerottet, die gegen Murats Soldaten eine drohende Haltung einnahmen. Hierauf hatte Murat nur gewartet. Er ließ sofort Kanonen auffahren und gegen die wehrlose Menge auf dem Schloßplatze das Kugelfeuer eröffnen. Binnen kürzester Zeit standen Tausende von Wut ergriffener Menschen gegen die Franzosen im Straßenkampf. Die spanische Leidenschaft war entfesselt, die ganze Stadt hallte wider von dem Tumult des Gemetzels. Anfangs waren die Volksmassen im Vorteil, dann aber, nach mehrstündigem Kampfe, mußten sie der Übermacht weichen. Unter Kartätschen- und Gewehrfeuer rückten die Truppen von den Toren aus, die Aufständischen vor sich hertreibend, gegen die Puerta del Sol vor, wo die schlechtbewaffnete, in wilder Flucht begriffene Menge unbarmherzig niedergemacht wurde. Dem Blutbade folgte eine Proklamation, die das Tragen von Waffen und Messern verbot, Hunderte von Personen, Schuldige und Nichtschuldige, wurden noch im Laufe des Tages aufgegriffen und erschossen, und bis spät in die Nacht hinein tönte vom Brunnen der Puerta del Sol und draußen vor den Toren das Knattern der Gewehrsalven. Wie Napoleon in einem Briefe vom 6. Mai an seinen Bruder Joseph selbst bezeugt, haben mehr als 2000 Spanier an diesem denkwürdigen Tage, dessen Erinnerung noch heute nicht erloschen ist, ihr Leben verloren, während die einheimische Garnison untätig in ihren Kasernen dem ungleichen Kampfe zuschauen mußte (Baumgarten 213 ff.).

Goya war Zeuge dieser Greueltaten und hat sie auf zwei Bildern gemalt. Sie befinden sich, unter dem Namen Dos de Mayo (2. Mai) bekannt, heute im Prado. Das eine schildert den Zusammenstoß des Volkes mit den berittenen Mameluken der kaiserlichen Garde auf der Puerta del Sol; ein unbeschreiblicher Wirrwarr von bluttriefenden Leichen, wildgewordenen Pferden, kämpfenden Menschen, gezückten Dolchen und sausenden Säbeln. Weniger schrecklich, aber ergreifender ist das andere Bild, das den letzten Akt des Aufstandes darstellt, die Erschießung der Gefangenen in der Nacht zum 3. Mai (Abb. 90). An einsamer Stätte im Manzanarestal, am Abhange der Montana del Principe Pio, waltet das Kriegsgericht seines furchtbaren Amtes. Schwach sichtbar heben sich aus dem Dunkel der Nacht in der Ferne die Häusermassen der Hauptstadt, während im Vordergrund der grelle Schein einer großen Laterne die Unglücklichen beleuchtet, auf die Murats Soldaten ihre Flintenläufe gerichtet haben. Dicht zusammengedrängt stehen sie da, mit dem Tod vor Augen, die einen begeistert, mit hoch zum Himmel erhobenen Armen und zornfunkelnden Blicken, das Vaterland auf den Lippen, echte Märtyrer; die andern willenlos ergeben, in dumpfer Verzweiflung mit gefalteten Händen und fahlen

Abb. 100. Arme Mutter! Aus: Los Desastres de la Guerra (Bl. 50). (Zu Seite 127.)

Gesichtern, niedergekniet und zitternd vor Angst. Hinter ihnen ungezählte andere, die die Augen bedecken, um das Schreckliche nicht sehen zu müssen. Es ist kein Entrinnen möglich, keiner scheint auch daran zu denken. Sie alle erwartet dasselbe Schicksal, diesen Haufen von Leichen zu mehren, der sich vor und unter ihnen zu türmen beginnt.

Die beiden umfangreichen (3,45 : 2,65) Tafeln sind Leistungen seltener künstlerischer Kraft. Hier hat heiliger Zorn den Pinsel geführt, daß er über die Leinwand jagte, und der Pinsel genügte nicht, Goya nahm in der Wut den Spachtel zu Hilfe. So entstand eine wüste Technik, über die man nicht höhnen soll, weil sie der Ausbruch einer leidenschaftlichen Erregung ist. Aus jedem Strich fühlt man heraus, wie Goyas Seele bei der Erinnerung an das vergossene Blut seiner Landsleute erbebte, und wer gerecht sein will, hat in erster Linie des spanischen Patrioten zu gedenken und dann erst des Malers. Aber auch die rein künstlerischen Qualitäten sind höher als ihr Ruf. Diese Malweise steht unmittelbar am Eingang der modernen Malerei. Welche Kühnheit in der Wiedergabe der Bewegung, welche Steigerung des furchtbaren Blutvergießens und der wutverzerrten Gesichter gerade durch die Energie der Pinselführung!

Die Kunde von den Ereignissen des 2. Mai und weiteren Volksaufständen, die sich vereinzelt im Lande anschlossen, kam Napoleon wie gerufen. Man weiß heute, daß er sie gewünscht und Murat dementsprechende Befehle gegeben hatte. Wenige Tage darauf war Napoleon am Ziel. Schon am 6. Mai legte Ferdinand, durch die Drohung eingeschüchtert, als Rebell erschossen zu werden, die Krone seines Landes nieder, und auch Karl IV. leistete auf den spanischen Thron Verzicht. Er und seine Gattin gingen mit Godoy nach Fontainebleau und dann nach Rom, Ferdinand und die Infanten wurden von Talleyrand in dessen Schlosse zu Valençay streng bewacht. Am 20. Juli hielt der neue König von Spanien, Napoleons Bruder Joseph, in Madrid seinen feierlichen Einzug.

Abb. 101. Die will ich haben. Aus: Los Desastres de la Guerra (Bl. 11). (Zu Seite 127.)

Es wirft einen Schatten auf Goyas Leben und Charakter, daß er sich mit der neuen Ordnung der Dinge abfand. Man ist überrascht, ihn plötzlich unter den Höflingen König Josephs zu sehen. Er, der Freund des alten Hofes, der dreißig Jahre den Bourbonen gedient, der Maler des 2. Mai, der zur Rache gerufen, der heißfühlende Patriot, der bei der ersten Kunde vom Einbruch der Franzosen unwillkürlich nach der Muskete gegriffen hatte, erweist jetzt dem Bruder Napoleons seine Reverenz und heftet ans Staatskleid — das Kreuz der Ehrenlegion. Eher hätte man erwartet, ihn trotz seines Alters in der ersten besten Gebirgsschlucht zu finden, wie er mit den Bauern, die Flinte in der Hand, auf vorüberziehende Franzosen lauert. War es politische Charakterlosigkeit und kühle Berechnung, wie man lange annahm, oder war es ein Akt kluger Überlegung, wie ihn andere, erlauchte Granden, die den Thron der Bourbonen umgaben, und edelste Geister, wie Jovellanos und Moratin, gleichfalls vollzogen hatten, weil sie sahen, daß der neue, von Natur liebenswürdige und freundliche Herrscher von den besten Absichten beseelt war, und die Überzeugung hatten, daß er dem Lande mehr

Abb. 102. Sie retten sich durch die Flammen hindurch. Aus: Los Desastres de la Guerra (Bl. 41).
(Zu Seite 127.)

geben werde als Karl IV. oder Ferdinand VII.? Gewiß fällt ein Teil der Vorwürfe, die man gegen die damaligen Spanier von Rang und Bildung erheben kann, auf die Bourbonen zurück. Denn es kroch keiner so tief und schamlos vor Napoleon im Staube, schmeichelte dem Korsen so laut und so demütig wie Ferdinand selbst. Wenn der König in eigner Person zur bedingungslosen Unterwerfung aufgefordert und Spanien zur Thronbesteigung Josephs sogar beglückwünscht hatte, was blieb seinen Untertanen übrig, noch dazu in einer Zeit, wo sich die ganze Welt der Macht Napoleons als einer unwiderstehlichen zu Füßen warf?

Genug, Goya verblieb in seiner Hofmalerstellung und hat Joseph mehrfach porträtiert. Aber die Bilder sind verschwunden. In der Folge fielen sie der Volkswut zum Opfer, eins soll auf Josephs Rückzug spurlos verloren gegangen sein. Zum Glück hat sich aber die wundervolle Allegorie der Stadt Madrid erhalten, die ursprünglich auf dem von Engeln gehaltenen Schilde des Königs Bildnis trug. Dieses wurde später, als mit der neuen Wendung jede Spur der Fremdherrschaft getilgt werden sollte, von Goya übermalt, und auf dem Schilde steht heute in Riesenbuchstaben die Erinnerung an den großen Tag in der Geschichte der Hauptstadt, den 2. Mai. Wer das Bild im Madrider Rathaus sieht, wird schwerlich auf den Gedanken kommen, daß diese ideal schönen Gestalten von Goya gemalt sind. Komposition, Farbenpracht und Farbentiefe sind ganz venezianisch.

Mit dem Herzen war Goya dem Vaterlande treu geblieben. Es versöhnt mit seiner äußeren Haltung, daß er sich während der folgenden Jahre mit tiefem Schmerz in das Unglück seines Volkes versenkt und mit ingrimmiger Wut die furchtbaren Grausamkeiten geißelt, die die Fremden im Lande verüben. Als er eines Tages den französischen Adler in die Platte gräbt, wie er mit zerzausten Federn von den ergrimmten Bauern davongejagt wird (Abb. 106), mag ihm zumute gewesen sein, als habe er sein menschliches und künstlerisches Gewissen vor sich selbst gereinigt.

Es ist bekannt, wie die Dinge sich entwickelten, wie Napoleons schlaue Rechnung, alle seine Staats- und Kriegskunst zuschanden wurde an dem wunderbaren Widerstande desjenigen Volkes, das die Politik jahrzehntelang nicht mehr gezählt hatte. Seit dem großen Einbruch der Araber vor mehr als 1000 Jahren hatten keine feindlichen Scharen den Boden Spaniens überflutet. Heimtückisch war der König auf fremdes Gebiet gelockt, dann durch eine Gewalttat die Bevölkerung der Hauptstadt niedergeworfen und endlich mit Trug und Zwang das ganze Königshaus abgetan worden. Das waren Taten, so unerhört, daß ihre Wirkung unmittelbar in das spanische Herz traf, und was in diesem Herzen mächtig war, der nationale Stolz, das persönliche Ehrgefühl, die schwärmerische Loyalität, das erhob sich in wilder Glut, um dem Schänder der spanischen Ehre abzusagen in töblicher Feindschaft. Mochten vereinzelte Landsleute von Stellung und Bildung, mit den vollendeten Tatsachen rechnend, von der neuen Herrschaft ein besseres Verwaltungssystem, eine würdigere Hofhaltung und allerlei Gutes erwarten, für das Volk war und blieb Joseph der Fremde, der Thronräuber, der Bruder des Verhaßten, Gebrandmarkten, gegen den zu kämpfen heilige Pflicht der Vaterlandsliebe und der Religion war, Don Fernando dagegen der Inbegriff alles Guten, der Hort des spanischen Glaubens, die Stütze der Monarchie, für den es gern und willig alles opferte. So schlug die Flamme unsäglichen Volkshasses empor, und gute und böse Elemente der spanischen Natur: Nationalstolz, Fremdenhaß, Freiheitssinn, Fanatismus, Gewalttätigkeit und Abenteuerlust wirkten gleichmäßig zusammen, um eine Kraft des Widerstandes zu erwecken und einen Volkskampf heraufzuführen, die an Furchtbarkeit in der Geschichte wohl ohnegleichen sind. Zum ersten Male stand der Eroberer der Welt höheren, elementaren Mächten gegenüber, die der Sohn der Revolution nicht geahnt hatte, die aber den Anstoß gaben, Europa von seinem Joche zu befreien.

Kein Krieg der neueren Geschichte ist bekanntlich mit so beispielloser Wildheit und Grausamkeit geführt worden, wie diese sechsjährige Guerilla. Die edelsten und rohesten Leidenschaften treffen zusammen: wunderbare Begeisterung für die Ehre des Vaterlandes und reinster Enthusiasmus für die höchsten Güter der Menschheit, gemeine Rachsucht und brutale, wahrhaft kannibalische Mordlust. Schon aus den ersten Tagen der Volkserhebung hören wir, wie die Leichen der Aufständischen zerstückelt und die blutenden Teile, auf die Piken gesteckt, unter frenetischem Geheul prozessionsartig durch die Straßen

Abb. 103. Ich hab's gesehen! Aus: Los Desastres de la Guerra (Bl. 44). (Zu Seite 127.)

getragen wurden. Solche Greuel waren an der Tagesordnung. Und je mehr die Verwüstungen und Gewalttaten der französischen Truppen, ihre Mißachtung der Kirchen, der Frauen die Wut der Bevölkerung ins Ungemessene steigerten, um so furchtbarer war, wie der gegenseitige Haß sich entlud.

Auch Madrid selbst blieb von den Schrecken des Krieges nicht verschont. Nachdem König Joseph am 30. Juli 1808 vor den Erfolgen der Aufständischen die Hauptstadt wieder geräumt hatte, um sich nach Burgos zu flüchten, eilte Napoleon von Erfurt selbst herbei, rückte mit einer Heeresmacht von 160 000 Mann über die Pyrenäen, erzwang nach heftigem Widerstande der Guerilleros durch den Paß von Somosierra den Übergang über die Guadarrama und besetzte am 4. Dezember Madrid, wo wenige Wochen darauf König Joseph von neuem seinen Einzug hielt.

Am härtesten war gleich im Anfang des Krieges Goyas Heimat getroffen worden. Eine blühende Stadt mit reicher Gewerbetätigkeit, in der fruchtbaren Ebroebene, dazu nahe den Pyrenäen gelegen, war Zaragoza den Angriffen der Franzosen ausgesetzt wie keine andere Stadt des Königreichs. Zaragoza hatte zwei furchtbare Belagerungen zu bestehen, die erste vom 16. Juni bis zum 15. August 1808, wurde siegreich abgewiesen, die zweite aber, vom 20. Dezember 1808 bis zum 21. Februar 1809, endete mit dem vollständigen Ruin der Stadt. Im Laufe der zwei Monate waren in Zaragoza 54 000 Menschen umgekommen. Der Heldenmut, mit dem Palafox' Truppen, die Einwohner und sogar die Frauen noch nach der Eroberung der Festungswerke wochenlang Straßen und Häuser verteidigten, hat Weltruhm erlangt.

Nach der ersten Belagerung war Goya im Oktober in die Heimat geeilt. Wir sind nicht genau unterrichtet, was ihn zu der bei diesen Zeitläuften äußerst gefährlichen Reise veranlaßte. Wir wissen aber, daß er damals das Dorf seiner Kindheit wieder besuchte. Es war wohl das letztemal. Zapater traf er nicht mehr unter den Lebenden, er war 1805 gestorben.

Das auf dem Wege nach Zaragoza geschaute Elend, die Schicksale der Heimat, die Tag für Tag in der Hauptstadt eintreffenden, einander an Schauerlichkeit über-

Abb. 104. Transport nach dem Friedhof. Aus: Los Desastres de la Guerra (Bl. 64). (Zu Seite 127.)

Abb. 105. Keiner ist da, der ihnen hilft. Aus: Los Desastres de la Guerra (Bl. 60). (Zu Seite 127.)

bietenden Nachrichten von den Kriegsplätzen müssen auf Goya einen tiefen Eindruck gemacht haben. Nach langer Pause greift der nun mehr als Sechzigjährige wieder zur Radiernadel, um allen Zorn und alle Sorge, die quälend auf seiner Seele lasten, durch die Gestaltung von sich abzuschütteln. So entsteht mitten in den Schreckensjahren, von 1808 bis 1814, die zweite Folge seiner Radierungen, die die berühmteste zu sein verdiente, weil diesen grandiosen Blättern an Eindrucksfähigkeit und künstlerischer Durchbildung keine andere gleichkommt.

War es wirklich der Patriot, der mit blutendem Herzen in den Desastres de la Guerra das von Napoleon freventlich über das arme Land gebrachte Elend zu schildern unternahm? Hatte nicht Goya sich der Partei der Afrancesados, der Franzosenfreunde, angeschlossen und Joseph Bonaparte als den Befreier aus staatlicher und kultureller Trostlosigkeit willkommen geheißen? War es nicht vielleicht, wie bei manchen Caprichosblättern, nur das Eigenartige, halb Phantastische, halb Grausige des Vorwurfs, das den Künstler reizte? Sicherlich unterstützte ihn die ungewöhnlich kräftige Anlage seiner Natur, nicht minder der rege Geist, dem keine Erscheinung des Lebens, am wenigsten die des Schreckens, der Wildheit entging. Seit Goya taub geworden, verfolgte er mit desto gierigeren Augen alles, was sich um ihn abspielte, grub sich seine fabelhafte Phantasie in die gräßlichsten Bilder, wie sie dieser furchtbarste aller Kriege zu hunderten, zu tausenden heraufbeschwor. Aber daran ist nicht der leiseste Zweifel möglich: die Desastres de la Guerra hat flammender Zorn über das Unglück des Vaterlandes, leidenschaftlicher Haß gegen die Eindringlinge, wühlende Angst um die Zukunft des Volkes gezeichnet. Patriot und Künstler vereinigten sich, um in den ergreifendsten und erschütterndsten Farben ein Gemälde des spanischen Befreiungskampfes zu geben, das sich uns mit unauslöschlicher Eindringlichkeit tief in die Seele prägt.

Des spanischen Befreiungskampfes! Nicht des Krieges im allgemeinen, wie die Franzosen sich und anderen einreden wollen, um die Geschichte ihrer Nation von den Anklagen dieser Blätter zu entlasten. Die Bauern der Desastres sind spanische Bauern,

124

die Soldaten französische Soldaten. An den scharf geprägten Typen erkennt man die
Rasse, aus den Uniformen lassen sich bei aller Willkür der Zeichnung sogar einzelne
Truppenabteilungen feststellen. Zudem bedarf es nicht langer Untersuchung, um den
Nachweis zu führen, daß den Schilderungen wirkliche Ereignisse zugrunde lagen. Zu
der Zeit, wo die Tradition noch lebendig war, hat ein spanischer Schriftsteller die
historischen Grundlagen der Desastres zum Gegenstand einer eingehenden Prüfung ge-
macht. Auch wer weniger mit der Geschichte dieser Jahre vertraut ist, wird bald
bestimmte Vorgänge herausfinden. Der Ruhm des Heldenmädchens von Zaragoza
(Abb. 92) ist über die Pyrenäen auch zu uns gedrungen; ich erinnere mich aus den
Tagen der Kindheit, mit welcher Spannung wir der Erzählung lauschten.

Abb. 106. Der Raubvogel. Aus: Los Desastres de la Guerra (Bl. 76). (Zu Seite 120 u. 128.)

Die Desastres haben ein eigenes Schicksal gehabt. Natürlich konnte der Künstler
nicht wagen, die Blätter in die Öffentlichkeit zu bringen, solange die Franzosen im
Lande waren. Wie er sie in aller Heimlichkeit geschaffen hatte, zog er die ersten Drucke
selbst ab, um sie still in seinen Mappen zu bewahren. Ein vollständiges Exemplar des
Werkes, 85 Blätter, überließ er seinem Freunde, dem Kunstgelehrten Bermudez, welcher
die von Goya verfaßten Unterschriften durchsehen und die Reihenfolge ordnen sollte.
Merkwürdigerweise ist dieses kostbare Exemplar mit Goyas Handschrift, das später in
D. Vincente Carbereras Besitz gelangte, seit dessen Tode verschollen. Auch nach König
Josephs Abzug waren unter Goyas Freunden nur etwa zwanzig Blätter verbreitet,
von denen sich einige wundervolle Exemplare auf die Gegenwart gerettet haben. Ein
eigentlicher Vertrieb und über die Probeabzüge hinausgehender Druck hat nicht stattgefunden. So erklärt sich, daß die ganze Folge ein halbes Jahrhundert lang so gut
wie unbekannt blieb. Nach Goyas Tode war sie in Vergessenheit geraten, bis 1863
die Madrider Akademie von D. Ramon Garreta die aus dem Nachlaß von Goyas Sohn

stammenden Platten erwarb und mehrere hundert Exemplare abziehen ließ. Diese Ausgabe, die leider schon durch Retuschen verunstaltet wurde, umfaßt jedoch nur achtzig Radierungen, da zwei Platten fehlten und die drei Blatt der „Gefangenen“ von der Folge getrennt wurden, und hat schon weit nicht mehr die Tonschönheit der äußerst seltenen rötlichen Erstdrucke. Aber auch jetzt fanden die Desastres nur selten in Sammlungen Eingang, so daß die Akademie Mühe hatte, ihren Vorrat unterzubringen. Wie erzählt wird, schenkten die Königin Isabella II. und der Herzog von Montpensier in Sevilla gern das Werk kunstverständigen Gästen zur Erinnerung.

Von zeichnerischen und technischen Mängeln sind auch die Desastres keineswegs frei. Aber die große Mehrzahl der Blätter zeigt in der Führung der Nadel und in der Be-

Abb. 107. Gegen das öffentliche Wohl. Aus: Los Desastres de la Guerra (Bl. 71). (Zu Seite 128.)

handlung der Aquatinta eine Sicherheit, die Goya unter die ersten Radierer aller Zeiten reiht. Auf die Wiedergabe der Körper, die Verkürzungen und die Vertiefungen ist große Sorgfalt verwendet, weit mehr als in den Caprichos. Der Künstler, der sich sonst so leicht von seiner Natur fortreißen ließ, über den in Fülle zuströmenden Gedanken die Form zu vernachlässigen, war hier mit einer Liebe und Geduld bei der Arbeit, die zwingend beweisen, wie warm ihm das Herz schlug. Nirgends wieder wußte Goya so tiefgehende Wirkungen zu erreichen. Manche Blätter sind so erschütternd, daß man sie für den unmittelbaren Bericht eines Augenzeugen halten möchte.

Im Gegensatz zu den Caprichos haben die Desastres bis auf wenige Blätter keinen Kommentar nötig. Das grausige Bild, das sich vor uns aufrollt, spricht für sich selbst. Wir sehen entsetzliche Metzeleien. Als Waffe dient alles, was man gebrauchen kann, was man im Augenblick zur Hand hat. Den Heldenmut der Männer teilen auch die Frauen. Als am Portillotore zu Zaragoza am 2. Juli 1808 die feindlichen Geschütze die ganze Mannschaft einer Batterie niedergemäht haben, eilt das mit dem Hinzutragen von Kugeln beschäftigte Mädchen selbst auf die Batterie, ergreift eine Lunte und brennt, auf den Leichen der eben Gefallenen stehend, den Vierundzwanzigpfünder ab, bis eine neue Bemannung eintrifft (Abb. 92). Solcher Geist herrscht allerorten. Mit wunderbarer Kraft schwingen Frauen mächtige Steine, die sie auf die Feinde schleudern. Unsäglicher Haß beseelt das Weib, das einem Franzosen den Spieß in den Leib rennt, während sie mit dem anderen Arme ihr Kind schützend auf dem Rücken hält. Überall ringen Bauern und Soldaten mit beispielloser Wut, oft in den unglaublichsten Stellungen (Abb. 93). Mitunter geht's über Gefallene und Verwundete schonungslos hinweg. Alles durcheinander: Kämpfende, Blutende, Sterbende, Tote. Auf einer Reihe von Blättern sieht man nichts als Haufen von Leichen (Abb. 94). Wehe dem Bauer, der der Soldateska in die Hände fällt! Keine Bestialität wird verachtet, besonders beliebt ist der Galgen (Abb. 95). An den ersten besten Baum mit dem Schurken! Oder an den Pfahl binden und erschießen (Abb. 96 u. 97)! Aber solcher Tod ist für solche Hunde nicht schmerzhaft genug — so werden andere lebendig, mit entblößtem Körper in Stücke gehauen oder halb verstümmelt auf Baumstümpfe gespießt. Ein Bild zeigt einen Unglücklichen, der nackt zerstückelt worden ist, und dessen einzelne Gliedmaßen, der Rumpf, die gefesselten Hände, der Kopf, dann an einen Baum gebunden wurden. Noch an dem Toten weidet sich die Mordgier (Abb. 95). Mit Schaudern und Grauen wendet sich das Auge ab, und mit Entsetzen gewahrt man, daß Scheußlichkeiten, die man kaum bei wilden Naturvölkern vermutet, noch im glorreichen neunzehnten Jahrhundert ohne Gewissensbisse von der Nation verübt wurden, die wenige Jahre vorher das Schlagwort von den Menschenrechten in die Welt geschrien hatte.

Systematisch wird der Leichenraub betrieben. Ausgeplündert, der Kleider bis auf den letzten Faden entblößt, liegen die Armen zu Dutzenden auf dem Felde. Welche Bilder tiefsten Erbarmens! In schwerer Kümmernis wankt ein greises Elternpaar zwischen den Massen nackter Körper umher, um nach dem geliebten, vielleicht einzigen

Abb. 108. Sie wissen nicht, wohin es geht. Aus: Los Desastres de la Guerra (Bl. 70). (Zu Seite 128.)

Abb. 109. Die Wahrheit starb. Aus: Los Desastres de la Guerra (Bl. 79). (Zu Seite 128.)

Sohne zu suchen (Abb. 99). Ein Kind wimmert der toten Mutter nach, die von den Bauern davon getragen wird (Abb. 100). Man meint, die klägliche Stimme zu hören: „Arme Mutter! arme Mutter!" Wir sehen Hinrichtungen von Bauern, deren Frauen in Ohnmacht fallen oder wild aufschreien in ihrer Verzweiflung (Abb. 98).

In Blüte steht die Notzucht. Von den rohen Soldaten werden die Frauen ihren jammernden Kindern entrissen, ohne jedes Gefühl der Menschlichkeit fortgeschleppt und vergewaltigt (Abb. 101). Aber die armen Opfer wissen sich bisweilen zu wehren. Mit Leibeskraft sucht sich ein junges Weib einem Patron zu entwinden, der sie grinsend umfangen hält, und treibt ihm in der Verzweiflung die Nägel ins Gesicht, während die Mutter mit dem Dolche herbeieilt, der die Schandtat noch rechtzeitig verhüten wird. Dazu kommen Brutalitäten anderer, kaum auszusprechender Art. Dann die mancherlei Begleiterscheinungen des Krieges: das Flüchten des Landvolkes vor dem herannahenden Feinde, eine Feuersbrunst (Abb. 102), aus der sich die Menge, Männer, Weiber und Kinder, in furchtbarstem Durcheinander, fast sinnlos vor Aufregung, rettet usw. Selbst an den Kirchenschätzen vergreift sich das Gesindel.

In rührendem Gegensatz zu all diesen Greueln steht, wie die Bauern fest zusammenhalten, wie sie ihre gefallenen Mitkämpfer bergen, sie auf Wagen von den „Betten des Todes" nach dem Friedhof, ins Beinhaus bringen (Abb. 104), wie der Schmerz die Lebenden übermannt (Abb. 105), wie die Verwundeten gepflegt werden, auf dem Schlachtfelde Speise und Trank erhalten, wie die Liebe für sie in den Hospitälern sorgt, wo die Pest hinrafft, was der Krieg verschont.

Manche Blätter erinnern an die Caprichos, teils wegen der allegorischen Form, teils wegen ihres satirisch-politischen Inhalts. Das spanische Volk erscheint in der Gestalt eines Mannes, der sich auf ein Ungeheuer, halb Bär, halb Eber, stürzt, um es zu erwürgen, oder als ein edles Roß, das von Füchsen, Wölfen und Bluthunden angefallen wird und sich wacker gegen die Bestien verteidigt, indem es ausschlägt und zubeißt. Die letzten dreizehn Blätter sind wahrscheinlich erst in den Jahren 1814 und 15 entstanden. Wir sehen den französischen Adler, wie er der Federn beraubt, die zerzausten Schwingen schlagend, mit Heugabeln, Stöcken und Steinen unter dem Hohngelächter der Menge zum Lande hinausgejagt wird (Abb. 106). Aber kaum ist der Feind vertrieben, der Krieg beendet, so sind auch schon Mächte am Werk, die das Volk um den Dank für seine Heldentaten zu bringen bemüht sind. Wie in den Caprichos tragen sie Fledermausschwingen, das Sinnbild der Finsternis, und Krallen an Händen und Füßen, das Sinnbild der Raublust. Gierig saugt ein Vampir einem Kadaver das Blut aus, während aus den Lüften noch andere Unwesen auf die längst erwartete Beute herannahen. Mit dem Ausdruck höchster Zufriedenheit schreibt ein hagerer, kahlköpfiger Kuttenträger in einem dicken Folianten, während das arme Volk aus der Ferne den Vorgang mit Mißtrauen und Verzweiflung beobachtet (Abb. 107). Ein Priester balanciert auf schadhaftem Seil: wie wird die versammelte Menge jubeln, wenn es reißt! Vor Zuschauern mit bekümmerten Mienen unterzeichnet ein Fuchs den Vertrag mit einem Pfaffen. Über ödes Gelände zieht eine unabsehbare Menschenmenge, durch eine Kette verbunden, einer hinter dem anderen, in den Abgrund hinab, demselben traurigen Geschick entgegen (Abb. 108).

Nirgends ein freudiger Anblick, nirgends ein Ausblick in die Zukunft mit einem Schimmer von Hoffnung! Nichts als Elend, Raub, Mord, Schändung, Krankheit und Tod: überall Leichen, nichts als Leichen. „Lo mismo!“ — Immer dasselbe! steht wehmütig unter drei Blättern, die auf blutgetränktem Boden Massen wüst durcheinanderliegender Kadaver zeigen. „Por qué?“ (Warum?) fragt der Künstler ein andermal traurig, bis schließlich im Anblick all der Unglücklichen aus der Tiefe seines Herzens der erschütternde Ausruf hervorbricht: „Para eso habeis nacido“ (Und darum seid ihr geboren!). Da überkommt ihn wildeste Verzweiflung. Wenn das Diesseits solch ein Jammertal ist, wie sieht das Jenseits aus? Wir sehen grausige Spukgestalten und einen Toten, der sich aus dem Grabe aufrichtet und mit knochiger, starrer Leichenhand das Wort „Nada“ (Nichts) schreibt. Und wenn Willkür und Unrecht, Heuchelei und Strebertum, Lug und Trug, List und Intrige, Brutalität und Tyrannei triumphieren, wo bleibt die „Wahrheit?“ „Die Wahrheit starb!“ Murio la verdad! Eine hehre, jugendliche Frauengestalt liegt tot am Boden, in weißem Gewand, von einem Lichtschein umgeben, mit dem Lorbeerkranz im Haar (Abb. 109). Abseits klagt das Volk, der Genius der Gerechtigkeit ist schluchzend niedergesunken, in der Linken die Wage, mit der Rechten die Augen bedeckend.

Jedoch nicht alle weinten. Mancher kam,
Der spöttisch Lächeln zeigte, keinen Gram,
Und mancher höhnte: „Bist du endlich hin,
Die mir so boshaft Lust und Vorteil störte,
Mir oft entriß, was halb mir schon gehörte?
Dein kläglich Ende grüß’ ich als Gewinn!“
Und sieh: die jauchzten, waren endlich mehr,
Als die da weinten!
(v. Ostini.)

Eine dicht gedrängte Menge steht um die Tote geschart, ein bunt gemischter Schwarm, den sich jeder nach seiner Phantasie deuten kann. Auch ein Gekrönter hat sich unter die Gaffenden gesellt, alte Weiber, die halb wie Mönche aussehen, haben schon Werkzeuge zur Hand, um die Tote einzuscharren, und ein Bischof hält mit warnend erhobenem Zeigefinger die Leichenrede:

Da liegt die Feindin! Langsam zwar genug,
Doch sicher mahlen sie, die Mühlen Gottes!
Wie oft hat uns die Frevlerin verhöhnt,
Unglauben säend in des Glaubens Weizen
Und Schwache kirrend mit entblößten Reizen,
Die Höllenblendwerk stumpfem Blick verschönt!
Wo sie sich tückisch einschlich zu Besuch,
Zerriß des Wunders heil’ges Dunkel schnelle,
Der Einfalt lehrte sie des Denkens Fluch,
Die Augen blendend mit infamer Helle!
Was wir in langer Arbeit aufgebaut,
Das hat ihr Wort mit einem frechen Laut
In wenig Augenblicken uns vernichtet —
Weh ihr — wohl uns: Der Herr hat sie gerichtet,
Er war mit uns und unsrer guten Sache,
Sie wird uns nimmermehr gefährlich sein —
Doch, bitt’ ich, Bruder: grabt sie schleunigst ein,
Daß sie uns nicht am Ende doch erwache!

Abb. 110. Francisco de Goya. Selbstbildnis von 1815.
Madrid, Kunstakademie von San Fernando. (Zu Seite 164.)

Aber ist die „Wahrheit" wirklich entseelt? Ist die Wahrheit nicht etwas Ewiges? Schläft sie nicht bloß? Wird sie nicht auferstehen,

dem Recht zu helfen und den Trug zu strafen?

Ja, sie wird wieder auferstehen. Noch liegt sie am Boden, aber ihre bleichen Züge beleben sich, ihr Auge scheint sich zu öffnen. Mit Schrecken gewahren die Dunkelmänner, die schon frohlockt, das Wunder, und halten drohend Stöcke, Steine und dickleibige Folianten bereit, um die Wahrheit mit Gewalt oder mit der Wucht ihrer Weisheit niederzuschlagen, falls es ihr einfallen sollte, sich zu erheben.

Mit diesen kühnen Ausfällen, deren Schärfe noch die beißendsten Caprichos übertrifft, schließen die Desastres. In demselben Gedankenkreise bewegen sich die anderen

Abb. 111. Der Knüppelkampf. Wandmalerei aus Goyas Landhaus. Madrid, Pradomuseum.
Nach einer Originalphotographie von J. Laurent & Cie., Madrid. (Zu Seite 133.)

fünf Blätter, die ursprünglich mit der Folge verbunden waren. Eins ist eine Allegorie auf den „männermordenden“ Krieg: ein Riesenungetüm verschlingt mit weitgeöffnetem Maule ganze Haufen menschlicher Leiber. Auf einem anderen Blatte sehen wir ein junges, schönes Weib, mit Blumen im Haar, in reicher Gewandung, neben einem alten Manne mit entsetzlich verwilderten Gesichtszügen und unermeßlich langgewachsenem Haupt- und Barthaar. Er ist unter dem Druck des Elends zusammengebrochen und geht tief gebeugt. Aufmerksam und voll Vertrauen lauscht der Alte auf die tröstenden Worte der Göttin, die mit der ausgestreckten Hand auf den flammenden, von Licht überfluteten Himmel hinweist — die Morgenröte einer neuen Zeit, die der Menschheit das Glück und den Frieden bringen wird. Unter seinen Probedruck schrieb Goya die Worte: „Esto es lo verdadero.“ Das ist die Wahrheit!

Die berühmten drei Blätter mit dem „Gefangenen“, der zusammengebeugt, die Füße im Stock, mit schweren Ketten gefesselt, im Kerker sitzt, gehören zu Goyas besten graphischen Werken. In der geistreichen Erfindung, der vollendeten Technik und packenden Wirkung stehen sie unmittelbar neben Rembrandts Meisterblättern. Auch inhaltlich sind sie interessant, weil aus Goyas Beischriften: „Wenn er strafbar ist, so urteile ihn ab, aber laß ihn nicht länger leiden“, „Halt ihn fest, aber quäle ihn nicht“, „Die Bestrafung ist eine ebenso große Barbarei wie das Verbrechen“ hervorgeht, daß er bei diesen Radierungen von Gefühlen der Menschlichkeit geleitet war. Wenn man nicht annehmen will, daß im damaligen Spanien die Justiz noch Reste von der Härte der vorhergehenden Jahrhunderte hatte, hätten somit auch die Vertreter der modernen Strafrechtstheorien in Goya einen ihrer Vorläufer zu erblicken.

*　　*　　*

Die Verbitterung, die in Goyas späteren Arbeiten zu erkennen ist, war nicht bloß eine Folge des Alters. Sie hatte die verschiedenartigsten Ursachen, zu denen wohl in erster Linie die geschwundene Stellung bei Hofe und sein körperliches Leiden gehörten, das ihn mehr und mehr isolierte. Goya hatte schon seit langer Zeit — wahrscheinlich schon seit den neunziger Jahren — sein Gehör vollständig eingebüßt. Man konnte sich mit ihm nur noch durch Zeichen oder durch die Tafel verständigen. Es läßt sich denken, daß der unterhaltsame Mann darunter schwer gelitten hat. Hinzu kamen die unseligen politischen Zustände, der ewige Kriegslärm, der Wirrwarr in der Regierung, die getäuschten Hoffnungen, die ständige Aufregung und Unsicherheit. Dem alten, ruhebedürftigen Manne wollte das Gewühl der Hauptstadt nicht mehr behagen, und er flüchtete sich in ein bescheidenes Landhaus weit vor den Toren.

Wir wissen nicht, wann Goya diesen Ruhesitz zuerst bezogen hat. Es ist nur eine Vermutung, daß er dort in der Stille schon einen Teil der Desastres und der Kriegsbilder (Abb. 91) ausführte, die er in Madrid nicht sehen lassen konnte. Urkundliche Nachrichten sind aus der letzten Lebenszeit des Künstlers nur wenig vorhanden. Desto reichlicher fließen aber die Quellen der Überlieferung, die Yriarte, Matheron, Carderera u. a. fleißig gesammelt haben. Es wird erzählt, Goya sei in Madrid mürrisch und grämlich geworden, der Anblick einer französischen Uniform habe ihn jedesmal in einen Zustand der Erbitterung versetzt. So mag ihm auf einsamen Wegen im Manzanarestal der Gedanke gekommen sein, die Hauptstadt zu verlassen und sich draußen in ländlicher Abgeschiedenheit anzusiedeln, wo er ungestört seinem Schaffen und seinen Träumen leben konnte. Das Anwesen, das er erwarb, lag jenseits des Flusses, wenige Minuten von der Segoviabrücke, eine halbe Stunde von der Stadt entfernt. Wahrscheinlich hat er den Bau des Hauses selbst veranlaßt, die Stilweise entspricht der Zeit. Die Wohnung war einfach und enthielt außer den wenigen Wirtschafts- und Schlafräumen nur zwei Säle, im Erdgeschoß und im ersten Stock, von denen er sich einen als Atelier eingerichtet hatte. Aber der Platz war gut gewählt. Das nicht weniger als hundert Morgen große Grundstück hatte ausgezeichnetes Wasser, war ungewöhnlich fruchtbar, zum Obst- und Gemüsebau geeignet, und von der Anhöhe, auf der die Quinta erbaut war, genoß man eine prächtige Aussicht auf die lachenden Auen des Manzanares und die gegenüberliegenden Abhänge mit den grauen Häusermassen der Stadt. Auf diesen Höhen hatte einst Goya eins der schönsten Juwele seiner Kunst gemalt, die Romeria di San Isidro (Abb. 31). Die Wiese, auf der an Maientagen vom Morgen bis in die sinkende Nacht das Volk von Madrid das Fest seines Schutzheiligen beging, war Goyas Anwesen

Abb. 112. Allegorie. Wandmalerei aus Goyas Landhaus. Madrid, Pradomuseum.
Nach einer Originalphotographie von J. Laurent & Cie., Madrid. (Zu Seite 133.)

9*

Abb. 113.   Die Mörderin.   Wandmalerei aus Goyas Landhaus.
Madrid, Pradomuseum.
Nach einer Originalphotographie von J. Laurent & Cie., Madrid. (Zu Seite 133.)

unmittelbar benachbart, und manchmal mag er an solchen Tagen auf das von der Menge umdrängte Kirchlein mit seiner Kuppel und seinen Türmen und auf das bunte, fröhliche Jahrmarktstreiben von seinem Hause hinübergeblickt haben. Man hat lange zu Unrecht angenommen, daß Goya die beiden Bilder mit der Romeria direkt aus den Fenstern seines Ateliers gemalt habe, und deshalb entweder den Erwerb dieses Grundstücks in eine zu frühe oder die Entstehung der Gemälde in eine zu späte Zeit verlegt. Die liebevolle Sorgfalt, mit der Goya gerade hier am Werke war, die Durchführung der Einzelheiten bis in die feinsten Striche, die vollendete Behandlung des vibrierenden Sonnenlichtes waren allerdings geeignet, diesem Irrtum eine Grundlage zu geben.

Gegen den Ausgang von Josephs Regierung muß Goyas Frau gestorben sein. Zum letzten Male hören wir von Da. Josefa im Jahre 1811, wo sie gemeinschaftlich mit dem Gatten ihren letzten Willen aufnahm. Von den vielen Kindern der Ehe, über deren Verlauf wir leider blutwenig wissen, war nur ein Sohn Francisco Javier (Xaver) am Leben geblieben, den der Alte leidenschaftlich liebte. Er hatte um diese Zeit seinen eigenen Herd gegründet, so daß der Vater, dem Josefa zwanzig Kinder geschenkt, nunmehr gänzlich vereinsamt war. Eine entfernte Verwandte, Leocadia Servilla, die in ihrer Ehe mit einem Deutschen, namens Weiß, Unglück gehabt hatte, führte ihm die Wirtschaft. Von dem Glanz der alten Tage war dem Meister fast nichts geblieben. Immer seltener von Freunden besucht, aber noch eifrig mit Arbeiten beschäftigt, lebte er auf seinem Landsitz still und zurückgezogen, beinahe Mitleid heischend. Nur der Blick auf die kastilische Heide und die schneeglänzenden Höhenzüge der Guadarrama, der auch Velasquez entzückt hatte, vermochte ihn zeitweilig aufzuheitern oder auf den umliegenden Feldern der von jeher leidenschaftlich betriebene Genuß der Jagd.

Wer einen Blick in diesen Teil von Goyas Leben tun will, muß die Bilder sehen, mit denen er die Räume seines Landhauses bemalt hat. Von welchen teuflischen

Vorstellungen muß die grausige Phantasie des einsamen Greises während jener langen Jahre verfolgt worden sein! Hier tut sich ein Abgrund auf, wie ihn so furchtbar und grauenvoll kein zweiter Künstler geschaffen hat. Niemand vermag die Bilder zu deuten, ihr Schöpfer hat das Geheimnis mit ins Grab genommen.

Auf einem Ackerfelde schlagen zwei Hirten mit keulenartigen Knüppeln wie besessen aufeinander los, daß ihnen das Blut von den Köpfen rinnt (Abb. 111). Ihre Körper sind bis an die Knie in den Erdboden gesunken. Ihre Wut und Kraft mutet an wie ein Kampf aus der Urzeit der Menschheit. Friedlich weiden in der Ferne die Rinderherden. Darüber ein grauer Himmel und im Hintergrunde eine Hochgebirgslandschaft mit wunderbaren Linien.

Auf einem anderen Bilde (Abb. 112) ist ein greises Ungeheuer mit wildgewachsenem Haar und mit Glotzaugen dargestellt, das in wollüstiger Gier einen Menschen frißt. Krampfhaft halten die knochigen Hände das Opfer in der Mitte des Leibes gepackt, nicht ein Atom des Fleisches wird der Zermalmung entgehen. Das Blut fließt. Der Kopf ist schon verschlungen, gerade wandert ein Teil des Armes in das weit geöffnete Maul. Dieses Ungetüm mit seiner kannibalischen Wildheit ist kein mythologischer Gott mehr wie Saturn, der seine eigenen Kinder verzehrt, sondern wie jener Riese auf dem Aquatintablatt, der im Schimmer des Frühlichts auf der Anhöhe hockt, die Schöpfung einer dämonischen Gestaltungskraft, die über alle Gebilde vertrackter, kultischer Vorstellungen, selbst die Satansfratzen der Chinesen und Japaner, weit hinaus geht. Schwebte dem geistvollen Künstler das Schicksal vor, das ohne Erbarmen wieder vernichtet, was es selbst geschaffen?

Neben den Riesen hatte Goya als Gegenstück (Abb. 113) ein kräftiges, teuflisches Weib gemalt, das über einen Schlafenden hoch das Messer zum Todesstreiche zückt, während eine Alte, vom Typus der Kupplerinnen in den Caprichos, ihr mit einem brennenden Spane leuchtet. Keine Spur von epischem Vortrag, reinster, wildester Realismus! Keine Heldin wie Judith, keine Königstochter wie Herodias — eine gemeine Mörderin, die unmittelbar vor der Tat steht. Ein steinalter Mann mit langem, weißem Bart, in kuttenartigem Gewande, humpelt gebeugt mit Hilfe eines Stabes einher, während er ängstlich den Zuflüsterungen lauscht, die ihm ein höllisches Wesen, halb Teufel, halb Totenkopf, von hinten ins Ohr murmelt. Einem ähnlichen Dämon hört schmunzelnd eine zahnlose, schielende

Abb. 114. Hexe und Dämon. Wandmalerei aus Goyas Landhaus. Madrid, Pradomuseum.
Nach einer Originalphotographie von J. Laurent & Cie., Madrid. (Zu Seite 134.)

Alte zu, die aus der Suppenschüssel ißt (Abb. 114). Ein unvollendetes Bild zeigt einen Hund mit hochgehaltener Schnauze, der in die Strömung eines Flusses geraten zu sein scheint. Männer aus dem Volke mit höchst charakteristischen Typen stehen in leidenschaftlicher Erregung um einen politischen Aufruf gedrängt, den ein alter Graukopf vorliest. Eine Gruppe Weiber aus den untersten Schichten kugelt sich vor Lachen über einen Unglücklichen, der im Hemd, scheinbar dem Tode verfallen, am Wege sitzt.

Zwei Bilder sind auch der Wallfahrt zur Einsiedelei des Heiligen Isidro entnommen. Aber vergeblich suchen wir die Idylle mit dem heiteren Treiben des Volksfestes und dem leuchtenden Sonnenglanz, wie auf der Tafel des Osunaschlosses. Es ist Nacht geworden. Die harmlosen Scharen, die den schönen Tag mit Plaudern und Lachen genossen haben, sind schon in die Stadt zurückgekehrt. Nur die rohe Menge, die nicht zu feiern vermag, ohne das Maß des Trinkens zu überschreiten, ist noch auf der Wiese. Alles läuft, johlt, schreit in der Dunkelheit durcheinander. Im Mittelpunkt der Darstellung steht, auf einen Haufen zusammengedrängt, eine Gruppe Betrunkener,

Abb. 115. Die wundertätige Quelle des Heiligen Isidro. Wandmalerei aus Goyas Landhaus. Madrid, Pradomuseum.
Nach einer Originalphotographie von J. Laurent & Cie., Madrid. (Zu Seite 134.)

die mit wildem Gebrüll die Gitarrenklänge eines verlumpten Gesellen begleitet. Eine unglaublich wüste Szene!

Auf dem anderen Bilde (Abb. 115) sehen wir Männer und Frauen unter steiler Felsenwand um die wundertätige Quelle des Heiligen geschart. Im Vordergrund ist eine merkwürdige Gruppe schon auf der Rückkehr begriffen: ein feistes Mönchlein in der Kapuze, ein Edelmann im schwarzen Wamms mit goldener Kette und Degen und alte Weiber, alle mit verschmitzten Gesichtern, ohne einen Funken frommer Andacht. Die Landschaft ist in dunklen Farben gehalten und mit ihren finstren Nadelbäumen auf dem Felsengewirr nicht ohne Reiz.

Dann kommen Hexenbilder. Aber was wir finden, sind nicht die lustigen Fratzen der Caprichos mit dem Beigeschmack der Satire auf den Fabelglauben und Wahnwitz des achtzehnten Jahrhunderts, auch nicht die bei allem Schwelgen der Phantasie im Grund noch harmlosen Spukgestalten der Bilder, die der Herzog von Osuna erhielt. Es sind entsetzliche Visionen, die ihr Entstehen wahrhaft grausigen Träumen verdanken, und die jedem, der sie schaut, schwer auf der Seele lasten, ihn plagen, ihn bis in die Nacht verfolgen wie Edgar Poes wilde Dichtungen. Hier ist ein See gemalt mit traulichen Einbuchtungen und waldigen Ufern, in der Ferne über die ganze Ausdehnung des Bildes ziehen die Linien einer Gebirgskette, wie sie Palma und Bordone ihren

Heiligenbildern zu geben liebten. Und über diese Landschaft von berückendem Reiz, die ein grauer Himmel bedeckt, fliegen, zu einer festen Gruppe verbunden, nach verschiedenen Richtungen blickend, vier greuliche Hexen, halb Männer, halb Frauen. Eine, die den Flug leitet, hält in der vorgestreckten Hand etwas wie ein Kind, eine andere ein Augenglas, die dritte eine geöffnete Schere, während die dem Beschauer zugewendete vierte ihre Arme auf dem Rücken kreuzt. Das Bild (Abb. 116) wird in Spanien offiziell die Parzen genannt. Aber es sind vier Gestalten. Eine interessante, aber doch zweifelhafte Deutung hat neuerdings Kurt Bertels versucht. Er erkennt in der voranfliegenden Person, die allerdings männliche Züge trägt, — Goya selbst, der mit den Schicksalsgöttinnen dahinschwebt, um ein totes Kind der Erde zu übergeben. Danach wäre das Bild eine Erinnerung an die häufigen Schicksalsschläge, die den Künstler in seinem Familienkreise trafen.

Der Hexensabbat (Abb. 117) erinnert an ein Bild der vormaligen Alameda-Sammlung mit demselben Motiv: auf der Heide hat sich um Mitternacht bei Mondenschein eine Schar Hexen versammelt, die der Teufel begrüßt. Er hat wieder die Gestalt eines großen Bockes

Abb. 116. Hexenfahrt. Wandmalerei aus Goyas Landhaus. Madrid, Pradomuseum.
Nach einer Originalphotographie von J. Laurent & Cie., Madrid. (Zu Seite 135.)

mit gewellten Hörnern und ist diesmal mit einem langen, schwarzen Mantel bekleidet, der ihn noch unheimlicher und für die Hexen noch interessanter macht. Unter diesen bemerkt man mehr Weiber als Männer und mehr alte als junge, alle aber starren ihn mit denselben unglaublich gierigen Blicken an. Sicher ist niemals die dämonische Gewalt des Satans und die sinnliche Berücktheit der blöden Menge in so erschauernder Weise dargestellt worden. Wie sie zusammengedrängt auf der Erde kauern, wie die in den hinteren Reihen den Körper drehen, um sich einen Durchblick zu verschaffen, wie sie, ein Gesicht brutaler und verzerrter als das andere, den Kopf vorgebeugt, mit aufgerissenen Augen samt und sonders nach demselben Ziel hinstieren, während der Satan im Bewußtsein seiner Macht vor ihnen thront und alle Sinne verwirrend seine Ansprache hält, ist von so unheimlicher Wirkung, daß aller Teufelsspuk der Bosch, Teniers und Breughel, damit verglichen, recht kindlich und kümmerlich erscheint. Zwei Frauengestalten fallen besonders auf, eine in der Mitte des Bildes, dem Bock zur Rechten, in weißem Gewand, die, den Versammelten zugewendet, in einem Loche hockt: offenbar ein Neuling, der in den Kreis aufgenommen werden soll. Die andere seitwärts, als einzige auf einem Stuhl sitzend, kein gemeines Weibsbild wie die übrigen mit grobem Kittel und vulgärem Gesicht, sondern eine Dame mit ernsten, feinen Zügen in schwarzer Kleidung mit Mantilla und Muff. Was soll sie bedeuten?

Auf einem andern Bilde, dem schönsten und farbigsten, sieht man eine auf steilem Felsen ragende Feste, der sich aus der Ebene auf verschiedenen Wegen Karossen, Reiter und Fußvolk unter Trompetengeschmetter nähern. Haben sie feindliche Absichten oder ist es ein Festzug? Ganz im Vorgrund stehen Männer mit Gewehren auf der Lauer, die sie auf die Dahinziehenden gerichtet haben. Durch die Luft sausen zwei Unholde; der eine zeigt, den Kopf zum Genossen gewendet, mit dem Finger auf das Schloß, während der andere, bleich vor Schrecken, mit verstörten Blicken zurückschaut.

Im ganzen Hause war nur ein einziges freundliches Bild zu finden: eine anmutende Frauengestalt an der Tür des Erdgeschoßsaales, der erste Anblick, den der Eintretende erhielt. Ihr Gesicht ist von der Mantilla verschleiert und trägt jenen nationalen Typus, den wir oft bei Goya finden. Ernst, beinahe schwermütig lehnt sie sich im Garten an einen Felsen, der als Terrasse dient und mit Gitterwerk geziert ist. Über der Erscheinung liegt ein merkwürdiger Zauber. Wahrscheinlich ist das Bild nach der Natur gemalt. Lange wollte man darin die Herzogin von Alba erkennen und stellte sich gern vor, wie noch der alte Goya mit Wehmut an die längst vergangenen Tage des andalusischen Schlosses zurückdenkt. Aber die körperlichen Verhältnisse stimmen nicht.

Abb. 117. Blocksberg. Wandmalerei aus Goyas Landhaus (Ausschnitt). Madrid, Pradomuseum. (Zu Seite 135.)

So wird die andere Meinung recht haben, die das Bild als das Porträt von Goyas treuer Haushälterin, Da. Leocadia, bezeichnet.

Solche Bilder grüßten von den Wänden der Räume, die Goya viele Jahre lang bewohnte. Mit solchen Gestalten hatte er sein Heim bevölkert. Fabelwesen, Dämonen, Hexen, Ungeheuer aller Art, eins immer entsetzlicher als das andere, Bosheit und Wildheit, grausige Wollust, schmerzverzerrte Gesichter, Leichenblässe und blutendes Fleisch war die tägliche Umgebung des einsamen Greises. Alles in schaurigem Grauschwarz, Graugrün, Graugelb, aber mit blauem Himmel und grünen Wiesen in ungemischten, auffallend saftigen Farben, doppel furchtbar durch die Derbheit der Mache, wohl nur selten mit dem Pinsel, sondern mit dem Spachtel, vielleicht manchmal sogar mit den Fingern hingestrichen, oft nur andeutungsweise mit rohen Zügen, immer aber mit Energie und Sicherheit, der man trotz des abstoßenden Eindrucks der meisten Bilder seine Bewunderung nicht versagen kann.

Mehr als die Bilder selbst interessiert der psychologische Gesichtspunkt. Goya ist ohne Zweifel die problematischste Natur der gesamten Kunstgeschichte. Sein Leben und Charakter bieten so viele der Wirrnisse, daß es schwer, vielleicht unmöglich ist, sich in ihnen zurechtzufinden. Wo ist der Seelenkenner, der mit schöpferischer Kraft in die „dunkeln Tiefen dieses bizarren Menschen" hineinleuchtet, der uns ihn „glaubhaft und greifbar" macht und uns den Zusammenhang zwischen den verschiedenen Seelen, die in der Brust dieses Künstlers wohnten, „wenigstens ahnen" läßt? Bisher hat kaum einer auch nur den Versuch unternommen, das Problem zu lösen. Man hat gesagt: „Derselbe Künstler, der uns in seinen Gemälden die Wunder von Leben und Licht und Farbe in wahren Hymnen daseinsfreudigen Schaffens vorträgt, den wir ganz ausgefüllt wähnen von den glänzenden Bildern froher Wirklichkeit, dessen Blick nur dem Diesseits anzugehören scheint, der enthüllt uns plötzlich, daß seine Phantasie in Gegenden weilt, die mit dieser Welt nichts gemein haben. In ganzen Serien von Bildern und Radierungen läßt er die entsetzlichen Träume, die sein Dasein verdüstern, Gestalt annehmen. Zwangsvorstellungen eines kranken Geistes, für den das Übernatürliche nur Schrecken und Grauen besitzt, der seinen Tag mit den Nachtgespenstern des Wahns bevölkert, auf unentrinnbarer Flucht vor den Schrecken, die ewig neu dem eignen Hirn entspringen. Wir stehen an jenem grausigen Abgrund, der die Vernunft vom Irrsinn trennt, und sehen die qualvolle Marter, in welcher der Geist dem Wahnsinn erliegt" (v. Boehn, Kunstchronik vom 18. November 1904). Ach, was! Goya war nicht gemütskrank, ebensowenig wie sein Bruder im Geiste Michel Angelo der Große. Goyas Körper und Geist strotzten geradezu von Gesundheit. Viel besser verstand ihn v. Loga, wenn er sagte: „Es war eine starke, unbeugsame Seele, die so unheimliche Gesellen sich zu Gefährten ihrer Einsamkeit schuf."

Weitaus das beste in der ganzen Literatur hat bisher Franz Servaes, der Wiener Kunstkritiker, zur Psychologie Goyas beigebracht. Nur wenige Zeilen, aber licht- und geistvoll. Nur ein verdüsterter Geist, ein grollender und höhnender, sagt er, vermag sich derartigen Phantasien hinzugeben. Zu beachten ist, daß Goya um die Mitte seines Lebens an Taubheit erkrankte, und daß er notorisch alle Gemütseigenschaften tauber Menschen in ausgeprägtem Maße aufwies. Aber gerade im Tauben vermag (man denke an Beethoven!) das Sehnen nach der Lichtheit heller Welten und Gestalten sich zu einer Macht und Inbrunst zu erheben, die in ihrer gewaltigen Entladung etwas Erschütterndes oder etwas Rührendes in ihrer betenden Innigkeit hat. Goya hingegen wird energisch angezogen von den Blicken in das dunkle Reich. An Abgründen schweift seine Einbildung und wirft, schaudervoll ergötzt, in schwelende Dämpfe und brodelnde Gischte die Blicke hinab. Gerade je höher und reifer Goyas beherrschende Künstlerschaft wird, desto satanischer und ergrimmter wird seine Freude an Fratzen und Spuk. Die Schrecknisse und Perversitäten des wirklichen Lebens, Inquisitionsgerichte, Geißlerprozessionen und Irrenhäuser waren es im Beginn, was ihn zu fesseln vermochte. Immer absoluter aber erhob sich alsdann seine Phantasie in das Spukreich reiner Erdichtung. Hexengesindel und Teufelspack in buntester Mischung und widerlicher Verrichtung lernte er mit einer Dämonie der Gestaltung ins Leben zu rufen, die unerreicht dasteht und geradezu die Schreckvisionen mittelalterlicher Meister in Schatten stellt. Eine ganze pessimistische Philosophie, voll von Weltekel und Ingrimm, weit verneinender als die Lehre Schopenhauers und einzig bejahend durch die positive Kraft ihrer Künstlerschaft, spricht sich in diesen Schöpfungen Goyas aus. Nichts ist bezeichnender, als daß er die Wände seines eigenen, von ihm bewohnten Hauses mit derartigen Phantasmagorien ausfüllte. Das war schließlich die Welt, in der er sich heimisch und behaglich fühlte. Die Hölle war ihm zur Wollust geworden. Steht man vor diesen Bildern oder blättert man die großen Radierfolgen des Künstlers durch, so befällt einen wohl das Grauen vor diesem Geiste, der in derlei Wüsteneien sich ansiedlerisch machte. Doch zugleich regt sich ein Staunen vor der Kraft dieses Geistes, die all diesen Greuel und Aberwitz doch auch wieder zu zähmen verstand und etwas wie einen behaglichen Humor damit zu verbinden wußte. Diese höchst wunderliche und einzigartige Mischung ist wohl das Geheimnis der faszinierenden Wirkung, die diese Schöpfungen hervorrufen. Das sind nicht die trüben Ausgeburten eines zerrütteten, an Verfolgungsideen erkrankten Gehirns, sondern das ist das grausige und doch heitere Spiel eines ganz gesunden Menschen, der in allen Höllenschlünden gründlich Bescheid weiß. Goya wurde in aller Gemütsruhe 82 Jahre alt dabei. Und als er ungebrochen starb, hatte er selber sein Ende am wenigsten erwartet. Gleich Segantini hatte er lachend verkündet, er werde wie Tizian 99 Jahre leben. So heimisch fühlte sich demnach dieser Teufelsseher auf unserer lieben vielgescholtenen Erde.

Bedauerlicherweise sind die Quinta-Bilder aus ihrem Zusammenhang gerissen worden. Das gewöhnliche Schicksal der Wandmalereien vollzog sich auch hier, und es war noch ein — lange nicht für möglich gehaltenes — Glück, daß sie von dem gänzlichen Verfalle und Untergange gerettet werden konnten. Die Huerta del Sordo, das Grundstück des Tauben, wie es der Volksmund nannte, ging später auf Goyas Sohn über, der, zur Ehrung des Vaters zum Marqués del Espinar erhoben, das Torgitter mit der Grafenkrone schmückte. Nach ihm besaß sie der Enkel und schließlich ein Madrider Kunstfreund, der die Schätze des Hauses mit liebevoller Sorgfalt hütete. Dann aber wurde das große Besitztum an eine Spekulationsgesellschaft verkauft, und das bisher im alten Zustand erhaltene Haus drohte zu verfallen. Goyas Schöpfungen schienen un-

Abb. 118. Castagnettentanz. Aus den Sueños (Bl. 12). (Zu Seite 141).

rettbar verloren. Da gelang es 1873 dem Konservator des Pradomuseums, die zwölf von Goya, wie Lionardos Abendmahl in Sta. Maria delle Grazie zu Mailand, in Ölfarben auf die Backsteinwand gemalten Bilder mit der Putzschicht abzulösen und auf Leinwand zu übertragen. Ein Meisterstück der Technik, das ja seitdem öfter wiederholt wurde und neuerdings auch mit Prellers Fresken im Römischen Hause zu Leipzig gelang. Das Unglaubliche geschah: Goyas Quinta-Bilder waren 1878 auf der Pariser Weltausstellung. Seitdem befinden sie sich im Prado. An sich gewiß erfreulich! Aber wer das zweite Stockwerk des Museums betritt und die durch die Übertragung ohnehin etwas verdunkelten Bilder in dieser dunklen Umgebung sieht, wird immer das Bedauern nicht los werden, sie nicht drüben über dem Manzanares in den Räumen aufsuchen zu können, die der Alte selbst bewohnte. Welche Erinnerungen würden sie dort wecken!

Goyas Quinta ist leider nicht mehr erhalten, sie war baufällig geworden und wurde schon vor vielen Jahren abgebrochen, nur das Treppenhaus blieb und der Flügel, den Goyas Sohn angebaut hatte, um dem bescheidenen Hause mehr Räumlichkeiten und mehr Anstrich zu geben.

In denselben Abgrund der Phantastik, wie die Quinta-Malereien, ja noch tiefer, führt die dritte Reihe von Goyas Radierungen, die heute nach dem Vorgang der Madrider Akademie allgemein unter dem sinnlosen Namen der Proverbios (Sprichwörter) bekannt ist. Goya selbst nannte sie Sueños, Träume, und man tut gut, diesen alten, vom Künstler selbst gewählten und zutreffenden Titel wieder einzuführen.

Die Entstehungszeit der Sueños ist in vollständiges Dunkel gehüllt, da es an jedweden Nachrichten fehlt und kein einziges Blatt ein Datum trägt. Man darf indessen annehmen, daß sie samt und sonders in der Quinta entstanden, mit deren Wandbildern sie das Rätselhafte und Schauererregende ihrer Visionen teilen. Nur scheint mir die Meinung, die sie um das Jahr 1810 ansetzt, aus verschiedenen Gründen nicht haltbar zu sein; die Sueños gehören wohl einer späteren Zeit an. Darauf deutet schon der Umstand hin, daß Goya sowohl die einzelnen Platten wie auch die Serie im ganzen

Abb. 119. Der verdorrte Ast. Aus den Sueños (Bl. 3). (Zu Seite 141.)

noch nicht für vollendet hielt. Dieser unfertige Zustand ist um so mehr zu beklagen, als die Platten in der Folge einem Pfuscher in die Hände fielen, der sie vollständig verunstaltet hat. Dem Kenner blutet das Herz, wenn er die Abzüge sogar der ersten Ausgabe von 1850 mit den von Goya selbst hergestellten Probedrucken vor der Vollendung vergleicht. Man urteile also, wie bei den Caprichos und den Desastres, aus der Mangelhaftigkeit der heute im Handel befindlichen Blätter nicht voreilig über Goyas Talent.

Es ist sehr fraglich, ob der Meister Abzüge von allen Kupfern in seinen Händen hatte. Was heute noch von Drucken aus seiner Lebenszeit vorhanden ist, läßt nicht darauf schließen. Von keiner Serie sind die Probedrucke so selten wie von den Sueños. Die wenigen Blätter, die Paul Lefort besaß — sie gingen nach seinem Tode zumeist in eine Wiener Privatsammlung über —, sind die einzigen, die man kennt. Es sind reine Ätzdrucke, nur auf zweien finden sich leichte Aquatintaspuren. Die Platten gelangten 1850 aus dem Nachlaß von Goyas Sohn leider in den Besitz eines Madrider Kaufmanns, der ohne Sachkenntnis eine kleine Anzahl abscheulicher Abdrücke herstellen

Abb. 120.   Die Entführung.   Aus den Sueños (Bl. 10).   (Zu Seite 142.)

ließ. Aus dieser Zeit stammt die Überarbeitung mit Aquatinta, das Schwärzen der Gründe, brutale und unverständige Verstümmlungen, die keine Kunst wieder gut zu machen vermag. Sie hatten zur Folge, daß man vielfach in den Sueños die Spuren einer alternden Hand zu erkennen glaubte, während die alten Drucke beweisen, daß Goya gerade hier die Nadel mit größerer Beherrschung und Freiheit zu handhaben verstand als je zuvor. 1864 veranstaltete die Madrider Akademie eine zweite und 1891 eine dritte Ausgabe, die natürlich noch schlechter ausfielen als die unglücklichen Drucke von 1850, bei denen die Platten mißhandelt worden waren. Die Eigenschaften, die Goyas Radierungen so auszeichnen, namentlich die feinen Gegensätze in den Lichtern, sind vollständig verloren gegangen.

Die Madrider Buchausgabe der Sueños, die auch zum ersten Male, ohne ersichtlichen Grund, den Namen Proverbios aufbrachte, enthält achtzehn Blätter, denen man aber noch drei Blätter zuzählen darf, die sich nicht bloß inhaltlich angliedern, sondern auch die gleichen Größenverhältnisse (etwa $21^1/_2 : 32$ cm) aufweisen. In der Komposition wie in der Zeichnung sind die Sueños, wie alles von Goyas Hand, ungleich an Wert. Hier und da macht sich wieder Hast und Flüchtigkeit geltend, auch grobe Verzeichnungen kommen vor, aber die überwiegende Mehrzahl ist von einer so wundervollen Erfindung und Ausführung, daß ich nicht anstehe, die Sueños für Goyas reifste Radierschöpfung zu halten.

Das schmerzliche Schicksal dieser genialen Serie wird noch dadurch verschlimmert, daß uns alle Nachrichten über ihren Inhalt fehlen. Auch die Erklärung erleichternde Unterschriften, wie sie Goya seinen anderen Radierfolgen beifügte, sind nicht vorhanden. Nur auf dem Probedruck von Nr. 15 finden sich, von Goyas Hand geschrieben, die Worte Disparate claro. So werden die Sueños in der Mehrheit ewig dunkle Rätsel bleiben. Vielleicht liegt für manchen gerade darin ein besondrer Reiz.

Einige Blätter (Nr. 1 und 12) sind ohne weiteres verständlich. Sie charakterisieren sich als frei behandelte Erinnerungen an längst vergangene Jahre, an die Zeit der Teppichvorlagen. Wir sehen ausgelassene Manolas, wie sie aus straffgespanntem Tuch

Mannspuppen in die Lüfte pressen, tolle Majas und Toreros, drei und drei, tanzen zum Klang der Castagnetten (Abb. 118). Es ist interessant, die beiden Blätter mit den entsprechenden Zeichnungen zu den Gobelins zu vergleichen. Dort in romantischer Parklandschaft mit ragenden Villen und vereinzelten Baumgruppen schöne Schäferinnen, die sich in harmloser Freude am springenden Hampelmann ergötzen, und zierliche Rokokodämchen in der Blüte der Jugend mit ihren Kavalieren Blinde Kuh spielend. Hier ohne jeden Hintergrund auf ebener, ununterbrochener Fläche kreischende Mädchen und Frauen aus dem Volke, die ihren Mutwillen auch mit einem toten Esel treiben, wilde Weiber und noch wildere Stierkämpfer in bacchantischer Lust. Und welcher Unterschied in den Bewegungen! Dort graziöse Zurückhaltung im Gesellschaftskleid, hier naturwüchsige Derbheit und bis zum äußersten gesteigerte Muskelkraft. So fügt sich, was dort die idyllische Dekoration für ein Königsschloß des achtzehnten Jahrhunderts abgab, hier in wirre, quälende Träume ein, ohne aus dem Ganzen herauszufallen. Dort der Goya der Jugend, hier der Goya des Alters!

Über den Sinn der übrigen Blätter zu grübeln, ist eitle Mühe. Irgendwelche Vorgänge und Verhältnisse mögen hier und da eine Anregung geboten haben, aber ihnen nachzugehen oder gar herauszufinden, wie die Idee sich entwickelte, liegt außer dem Bereiche der Möglichkeit. Da Goya selbst keine Anmerkungen hinterließ und bis 1850 die Serie ganz unbekannt war, ist jede Spur verwischt. So müssen wir diese dunklen Blätter nehmen, wie sie sind, ohne Rücksicht auf ihre Entstehung. Wahrscheinlich war mitunter ein Bild eher fertig, als der Künstler Klarheit über den Inhalt hatte. Die Phantasie hatte Einfall an Einfall gereiht.

Die in jedem Blatte der Caprichos Pikanterien, Anspielungen und Angriffe vermuteten, waren natürlich auch hier eifrig mit allerlei Erklärungen bei der Hand, die sich auf politische Vorgänge, höfische Kabalen, sogar auf Vorkommnisse aus dem Privatleben bekannter Persönlichkeiten bezogen. Das riesengroße Gespenst (Nr. 2), das auf dem Schlachtfelde erscheint und das entsetzte Heer in wilde Flucht treibt, wurde auf Kaiser Napoleon und die vergnügte Gesellschaft (Abb. 119), die sorglos plaudernd auf dem dürren Ast sitzt, der jeden Augenblick abbrechen kann, auf die Bourgeoisie der Reaktions-

Abb. 121. Die Luftschiffer. Aus den Sueños (Bl. 13). (Zu Seite 142.)

zeit gedeutet. Sicher zu Unrecht. Die Sueños sind nichts weniger als eine Fortsetzung der Caprichos. Das satirische Element spielt hier, wenn es überhaupt beigemischt ist, nur eine nebensächliche, verschwindende Rolle. Die Grundstimmung der Sueños ist nicht Ironie, Spottsucht, Hohnlachen und Kampflust, sondern wüste, abgrundtiefe Phantastik. Sie sind die Schöpfungen eines Greises, der mit der Welt abgeschlossen hat, aber noch im Vollbesitz seiner unverwüstlichen Schaffenskraft ist, den in der Einsamkeit aus seiner unerschöpflichen Erfindungs- und Gestaltungsgabe heraus schaurige Träume, entsetzliche Visionen verfolgen. Mit breitem Lachen tanzt vor einer Toten ein plumper Riese, die Castagnetten schwingend, während Gespenster, bloße Köpfe, mit aufgerissenem Munde vorübersausen (Nr. 4). Auf geflügeltem Roß, das einen Eberkopf hat, reitet ein Paar durch die Lüfte (Nr. 5). Eine furchtbare Mißgestalt, die aus zwei, an den Rücken und Köpfen zusammengewachsenen Körpern, einem männlichen und einem weiblichen, besteht und an den vier Beinen acht Füße hat; die Zuschauer mit erschreckenden Physiognomien, zum Teil mit Raubtierköpfen (Nr. 7). Züge in Säcke gehüllter Menschen wandern in verschiedener Richtung über weite Ebenen (Nr. 8). Ein aufgebäumtes Roß entführt ein junges Weib, das es mit den Zähnen am Kleide gepackt hält, während seitwärts ein phantastisches Ungetüm mit seinem ungeheuren Maule ein zweites Weib verschlingt und ein anderes, noch grauenhafteres Ungeheuer, die Augen rollend, im Hintergrunde auf der Lauer liegt (Abb. 120). Ein verfolgtes Weib mit doppeltem Oberkörper (Nr. 11). Menschen fahren mit flügelartigen Vorrichtungen durch die Luft (Abb. 121). Ein Greis wird von Dämonen und Spukgestalten bedrängt (Nr. 18) usw.

Wer sich lange in diese unergründlichen Rätsel vertieft hat, atmet erleichtert auf, wenn er sich der vierten großen Folge von Goyas Radierungen zuwendet, der Tauromaquia (Stierkämpfe). Obwohl diese technisch, stilistisch und stofflich von den Sueños grundverschieden ist, fällt ihre Entstehung doch in dieselbe Zeit. Einige Platten sind 1815 datiert. Anscheinend hat Goya, je nach Stimmung, bald die eine, bald die andere Serie vorgenommen und zwischendurch noch die letzten Desastres radiert. Über das Jahr 1810 hinaus werden die frühesten Blätter der Tauromaquia kaum zurückgehen. Für eine solche Annahme ist weder die technische Verwandtschaft mit den Caprichos

Abb. 122. Aus der Tauromaquia (Bl. 33). (Zu Seite 145.)

Abb. 123. Aus der Tauromaquia (Bl. 20). (Zu Seite 146.)

ausreichend, noch der Umstand, daß sich innerhalb der Folge leichte Unterschiede in
Strich und Zeichnung feststellen lassen.

Auch die Tauromaquia blieb merkwürdig lange unbekannt. Zwar hat Goya eine
kleine Anzahl Abzüge hergestellt, er behielt sie jedoch für sich, und erst bei dem zu Ausgang der vierziger Jahre erfolgten Tode seines Sohnes kamen Platten und Drucke zum
Vorschein. Diese Tatsache ist nicht ohne Interesse. Wenn Goya selbst bei einem so
unverfänglichen Werke nicht die geringste Neigung zum Vertriebe entfaltete, vielmehr
die Abzüge versteckt in seinem Atelier verwahrte und nicht einmal seinen Sohn zur
Veröffentlichung anregte, so dürfen wir billig den auch für die Caprichos bedeutsamen
Schluß ziehen, daß die Radiernadel bei Goya nicht den Zweck verfolgte, wie man bisher
annahm, seinen Zeichnungen, seinen Ideen Verbreitung zu verschaffen. Es hat eher
den Anschein, als ob ihm eine solche gar nicht erwünscht war. Jene superben alten
Drucke sind heute ungemein selten geworden. 1855 wurde dann von der Chalko-
graphischen Anstalt zu Madrid eine zweite Ausgabe besorgt, und erst jetzt gelangten
die Blätter ins Publikum. Da sie besonders in Frankreich rege Bewunderung fanden,
veranstaltete 1883 der Pariser Verleger Loizelet in Rotdruck noch eine dritte Auflage,
die man jedoch bedauern muß, da die mit rembrandtischer Feinheit radierten Platten
bereits 1855 bei den letzten Abzügen ihre Kraft verloren hatten. Die Ausgabe hat
aber insofern Interesse, als sie nicht bloß dreiunddreißig, wie die von 1855, sondern
vierzig Blätter enthält. Es sind sieben Stierkampfszenen hinzugefügt, die sich nach
Leforts Mitteilung auf den Rückseiten der übrigen Kupfer befanden und von Goya un-
benutzt gelassen worden waren, offenbar, weil sie ihm nicht genügt hatten.

Die Tauromaquia gibt gewissermaßen eine Geschichte des Stierkampfes in Bildern,
von den altspanischen Zeiten an, wo der Stier noch im freien Felde gejagt wurde, über
das Mittelalter, wo der Kampf in der Arena sich zu einem selbst von den Vornehmsten
betriebenen Sporte entwickelte, bis auf Goyas Tage, in denen das Stiergefecht zu einem
reinen Gladiatorenschauspiel herabgesunken war. Sie schildert die Anfänge und Entwicklung der Corrida, die Entstehung und Ausbildung der Kampfmittel, die Teilnahme
berühmter Nationalhelden und schließlich die Abenteuer gefeierter Toreros aus der

eigenen Zeit. Wir sehen, wie zunächst die alten Iberer, zu Fuß und zu Pferd jagend, den wilden Stier im Gelände fangen, um ihn zu zähmen (Nr. 1, 2), wie dann die Mauren als neue Herren der Halbinsel diese Kunst von den Unterworfenen annehmen, allmählich vom Stierfang zum Stierkampf übergehen, das freie Feld mit dem geschlossenen Gehege vertauschen, bestimmte Regeln einführen und zuerst den Burnus und die Banderilla anwenden (Nr. 3 bis 8, 17). Die Geschichte des Stierkampfes in dieser Periode ist nach der Tradition mit dem tapferen Mauren Gazul verknüpft, der auf mehreren Bildern erscheint. Nach und nach wird die Arena zum Spielplatz der Ritter, wie der Turnierhof (Nr. 9). Selbst der große Cid steigt, in voller Rüstung, mit der Lanze zum Kampfe hinab (Nr. 11), und Kaiser Karl V., der nach dem Berichte von Zeitgenossen ein vollendeter Toreador war, tötet einen Stier auf der Plaza von Valladolid (Nr. 10). Wir wissen aus alten Reiseberichten, daß es noch lange jedermann frei stand, die Rolle des Stierkämpfers zu spielen (Nr. 12 bis 14). Aber nach und nach

Abb. 124. Aus der Tauromaquia (Bl. 30). (Zu Seite 146.)

weicht der Toreador, der den Sport nur zum Vergnügen betreibt, dem Torero, der es gewerbsmäßig, um Geld tut. Um die Mitte des achtzehnten Jahrhunderts ist die Corrida in ihrer heutigen Gestalt entwickelt. Das Spiel wird eröffnet mit dem feierlichen Einzug der Toreros auf den Kampfplatz: voran die Picadores auf Pferden, in alter spanischer Rittertracht, mit der Lanze bewaffnet, dann die Chulos (Banderilleros) zu Fuß, mit Bändern geschmückt, grellfarbige Tücher in der Hand, endlich die Espadas, reich gekleidet, mit dem bloßen Schwerte in der Rechten und der Muleta, einem Stabe mit scharlachfarbenem Seidenzeug, in der Linken. Sobald das Zeichen gegeben ist, wird der Stier aus dem Behälter gelassen. Die Picadores nehmen den ersten Angriff auf und suchen den Stier mit der Lanze in die Seite zu ritzen. Wenn ein Pferd verwundet wird, oder ein Picador zu stürzen kommt (Nr. 26), erscheinen die Chulos, werfen dem Stier ihre Lappen über den Kopf und flüchten im Notfall durch einen Sprung über die bretterne Wand. Beginnt der Stier durch die fortgesetzten Angriffe zu ermüden, so ziehen sich die Picadores zurück, und es greifen nun die Chulos zu den Banderillas, kleinen Harpunen, die sie dem Stier in den Nacken rennen. Wenn das Tier träg oder feig ist, kommen die Banderillas de fuego zur Anwendung, die mit brennenden Büscheln oder Schwärmern versehen sind (Nr. 31). Durch das Feuer oder die Explosionen scheu gemacht, läuft dann der Stier wütend im Zirkus herum und stürzt sich nun gewöhnlich auf den ersten besten Torero, der ihm in den Weg kommt. Jetzt tritt der Espada hervor, der dem Stier, während dieser mit geschlossenen Augen und gesenktem Kopfe gegen die Muleta stürmt und unter dem linken Arme durchrennt, das Schwert in die Brust stößt (vgl. Moltkes Briefe).

Aber ein gereizter Stier kennt kein Erbarmen. Alles Torerowerk verlangt Augenmaß, Kaltblütigkeit und Geistesgegenwart. Wenn der Banderillero beim Stich mit der Harpune den Sprung nur um eine Sekunde versäumt, wenn dem gestürzten Picador die Flucht, dem Espada der Stoß mißlingt, kann's ihnen gehen wie in Goyas Tagen dem armen Pepe Illo, den der Stier auf die Hörner nahm, um in rasendem Galopp durch die Arena zu jagen. Pepe Illo oder, wie er eigentlich hieß, José Delgado war

Abb. 125. Aus der Tauromaquia (Bl. 27. (Zu Seite 146.)

der gefeiertste Torero seiner Zeit, der Liebling des Volkes. Auch ihm verdankt Spanien eine Tauromaquia, aber eine geschriebene. Er ist der Verfasser eines noch heute geschätzten Leitfadens der Stierkampfkunst, in dem er mit der klaren, einfach-nüchternen Sprache des Berufsmenschen seine Lebenserfahrungen niederlegte und die Regeln zusammenstellte, nach denen sich unter seinem Einfluß im Ausgang des achtzehnten Jahrhunderts das Schauspiel zu vollziehen pflegte. Aber dieser Espada, der in seinem Handwerk so trefflich Bescheid wußte, beging den Fehler, sich nicht rechtzeitig, bevor der Körper an Kraft und Gewandtheit einbüßt, von der Arena zurückzuziehen. Eine besondere Festlichkeit im Mai 1801 bewog den schon mehr als Vierzigjährigen nochmals aufzutreten und eines seiner berühmtesten Kunststücke auszuführen. Er verrechnete sich in der Entfernung, vergeblich eilten die Gefährten ihrem Führer zu Hilfe, der die Plaza nur mehr als Toter verließ. Goya hat dem Unglücklichen nicht weniger als vier Platten gewidmet, von denen drei sein tragisches Ende schildern (Abb. 122). Unter den Kämpfern bemerken wir auch Pedro Romero, den Günstling der Damen vom Hofe, den Goya einst porträtiert hatte, wie er den Todesstoß gibt (Nr. 30). Weitere Blätter zeigen Heldentaten der Arena. Hier ist ein Torero mit Mauleseln auf den Kampfplatz gefahren und stößt die Lanze aus dem Wagen heraus (Nr. 38), dort hat Martincho die Verwegenheit, mit zusammengeketteten Füßen von einem Tische dem anstürmenden Stier über den Rücken zu springen (Nr. 18 und 19). Andere Wagnisse wie Juanito Apiñanis Sprung (Nr. 20, Abb. 123), Pajueleras Lanzenstoß (Nr. 22), Fernando del Toros Herausforderung (Nr. 27, Abb. 125), des Indiers Mariano Ceballos' Rückenritt und Harpunenstich (Nr. 23 und 24, Abb. 127) kann man noch heute in Spanien sehen, wenn auch nicht bei den zahmen Schauspielen, die in Sevilla und San Sebastian den Touristen geboten werden.

Auch das Publikum ist bei dem Schauspiel nicht ohne Gefahr. Es kommt vor, daß Stiere die Planken überspringen und sich auf die Zuschauer stürzen (Abb. 126). Bekanntlich ereignete sich ein solches Unglück auch bei der Corrida regia 1680 gelegentlich der Vermählung Karls II.: ein wilder Toro durchbrach die Schranken, tötete drei der Wache haltenden Soldaten und richtete in den Reihen der Höflinge große Verwirrung an, bis der Herzog von Medina das Tier dicht vor dem Throne des Königs fällte. Karl II. hatte vollkommene Ruhe gewahrt und nicht mit der Wimper gezuckt. Aber was für Ängste mag die kleine Königin, eine französische Prinzessin, ausgestanden haben, die so nervös und furchtsam war!

Selbst wer mit dem gemütvollen Verfasser der erwähnten Schrift „Pan y toros" den Stierkampf als eine rohe, blutdürstige Barbarei in Grund und Boden verurteilt, wird zugeben, daß er, vom rein künstlerischen Standpunkt betrachtet, eins der wunderbarsten Schauspiele ist. Die Farbeneffekte auf der in südlichen Sonnenglanz getauchten Arena, die huschenden Schatten, die Gebärden und Bewegungen mit allen Abschattungen von der feinsten Eleganz bis zur brutalsten Energie, von der abwartenden Ruhe bis zum tollsten Jagen, gehören zu den lebhaftesten Eindrücken, die der Reisende aus Spanien mitnimmt. Am meisten pflegen die Banderilleros zu fesseln. Der Gegensatz ihrer Grazie und Behendigkeit zur plumpen Kraft des Toro hat in der Tat etwas Faszinierendes. Wie sie zierlich die Schritte messen, wenn schon das Schnaufen des rasenden Tieres die seidenen Schleifen der Gewänder zum Flattern bringt, wie sie mit allerlei Kunstgriffen die Tücher werfen, die Harpunen aufstecken und flink zur Seite springen, im

Abb. 126. Aus der Tauromaquia (Bl. 21). (Zu Seite 146.)

Abb. 127. Aus der Tauromaquia (Bl. 23). (Zu Seite 146.)

Gegensatz dazu die ritterlich stolze Haltung der Picadores auf ihren geputzten, wenn auch meist recht armseligen Rossen und die gemessene, fast pathetische Sicherheit der Espadas, die den Triumph einheimsen. Dann der Stier, wie er stutzend, verblüfft in die Bahn sprengt, wie er mit äußerster Spannung seine Gegner erwartet, in mutigem Angriff gegen sie losstürmt, Roß und Reiter in die Flanke packt, wie er dem auf= bäumenden Pferde seine Hörner in die Eingeweide wühlt oder gar den Kämpfer selbst grauenhaft aufspießt und als stolzer Sieger brüllend emporhebt. Endlich die Zuschauer, eine tausendköpfige und tausendfarbige Volksmenge aus allen Gesellschaftsklassen im fest= lichsten Putz, mit leidenschaftlicher Erregung den wechselnden Kampf verfolgend, entsetzt auseinanderstiebend, wenn der Stier ausbricht und über die Bänke kommt, im Rausche der Begeisterung aber, wenn dem Matador der tödliche Stoß gelingt, daß der Toro blutüberströmt zusammenbricht.

Goya war ein leidenschaftlicher Freund der Corrida. Man denke an die Über= lieferungen aus der Jugendzeit, an seine Korrespondenz mit dem Freund von Zaragoza. Als dem heißblütigen Burschen der Boden Madrids unter den Füßen brennt, schließt er sich einer Quadrilla an, um mit der Muleta und dem Schwert die Mittel zur Reise nach Rom zu gewinnen. Francisco de los Toros schrieb er damals unter seine Briefe. Man erinnere sich, wie er später in Krankheitstagen Sehnsucht empfindet, dem nächsten Stiergefecht beizuwohnen. Durch das ganze Leben läßt sich diese Leidenschaft verfolgen. Im Zirkus eine ständige Figur, soll Goya noch in reifem Alter vor Er= regung oft nicht übel Lust gehabt haben, sich unter die Kämpfenden zu mischen. Es war die klassische Zeit des Stierkampfs, unter Karl IV. wurde das Schauspiel in Madrid, wenigstens vom Mai bis in den Herbst, jede Woche veranstaltet. 1805 erfolgte zwar ein Verbot, aber schon wenige Jahre später führte König Joseph die nationale Lieblingsbelustigung, um sich populär zu machen, wieder ein. Mit den bekanntesten Toreros stand Goya in persönlichem Verkehr. Er hat viele gemalt (Abb. 129), und seiner Stier= und Stierkampfbilder sind Legion. Wir finden solche unter den Teppichvorlagen von 1779, unter den Malereien für das Landschloß der Osuna (Abb. 29), andere Darstellungen dieser Art werden noch zur Besprechung kommen. Mit allen Phasen eines Stierlebens werden wir vertraut, vom Einfang in der Wildnis, vom Auftrieb auf den Kampfplatz durch die verschiedenen Stadien der Wut bis zum Todesstoß. Das ganze Artistenhandwerk der Arena wird uns vorgeführt, und wir gewinnen bald die Überzeugung, daß Goya in allen Tricks und Kniffen dieser gefährlichen Kunst so bewandert war, wie der beste Torero.

Zu dieser Sachkenntnis kam Goyas wunderbarer Beobachtungssinn und die Fähigkeit zur Wiedergabe der Bewegung. In dieser Hinsicht werden alle anderen Radierfolgen von der Tauromaquia weit übertroffen. Es kam dem Künstler zustatten, daß er sich hier streng an die ihm vertraute Wirklichkeit hielt. Alle Stellungen und Bewegungen des Augenblicks, alle Formen und Momente des Kampfes sind mit erstaunlichem Können erfaßt Man will nicht glauben, daß ein Greis diese Nadel führte, die mit wenigen leicht geätzten Linien so dramatische Eindrücke erzielte. Schade, daß man auch hier wieder eine Menge Verzeichnungen bei Menschen und Tieren in den Kauf zu nehmen hat. Wer aber lernte, über dergleichen hinwegzusehen und nur die Vorzüge zu ge-

Abb. 128. Stierkampf. Radierung. Einzelblatt. (Zu Seite 148.)

nießen, für den bleibt genug zu bewundern übrig. Welches herrliche Spiel von Lichtern und Schatten, welche packende Lebendigkeit in den Bewegungen, welche leidenschaftliche Energie im Vortrag, welche fabelhafte Auffassung der Wirklichkeit, welche weise Beschränkung in den Mitteln, welche malerische Wirkung! Auch wer nie ein Stiergefecht sah, wird aus der Tauromaquia einen Einblick in dieses merkwürdige Kapitel spanischer Kultur gewinnen, als habe er es an der Quelle von Grund aus studiert.

Um so mehr muß man bedauern, daß auch dieses Werk nicht vollendet ist. Im Pradomuseum und in privaten Sammlungen sind außer den verwendeten eine Menge Rötelstudien mit gleichen Motiven zu finden, die Goya allem Anschein nach noch für weitere Platten zu benutzen gedachte. Es gibt außerdem noch zwei Einzelradierungen (Abb. 128), die wegen ihres kleineren Formats nicht in die Pariser Ausgabe aufgenommen wurden, darunter das bekannte Blatt mit dem blinden Gitarrespieler, den ein Stier mit den Hörnern gepackt hat.

*   *   *

Abb. 129. Majo. Cadiz, Museum.
Nach einer Originalphotographie von J. Laurent & Cie., Madrid. (Zu Seite 147.)

Goya hatte inzwischen die siebzig erreicht. Aber nirgends entdecken wir eine Spur beginnender Altersschwäche. Es ist erstaunlich, was gerade der Greis in den letzten zehn, fünfzehn Jahren seines an Wechselfällen und Arbeit so reichen Lebens geleistet hat. Wie seinem Zeit- und Altersgenossen Goethe schien ihm ewige Jugend beschieden. Nicht genug, daß sich seine Tätigkeit nach wie vor, oft zu gleicher Zeit, auf die verschiedensten Gebiete der Kunst erstreckt, und daß die religiösen Bilder, die Genredarstellungen und die Bildnisse der letzten Periode eine geistige und künstlerische Reife zeigen, die der Vollkraft seiner Jahre in keiner Weise nachsteht: nein, der Greis versucht den Umfang seines Schaffens noch zu erweitern und vertieft sich gegen den Ausgang seines Lebens, ewig grübelnd und immer rastlos vorwärtsdrängend, in malerische Probleme, wie keiner vor ihm. So entsteht die merkwürdige Tatsache, daß der Goya, den die moderne Kunstrichtung als ihren großen Vorläufer verehrt, nicht der Goya von 1790, sondern der 75 jährige Goya von 1820 ist.

Es zeugt zugleich für Goyas körperliche Frische, daß er 1817 eine Reise weit nach dem Süden unternahm, um für die Kathedrale von Sevilla das vom Kapitel bestellte Bild der städtischen Schutzheiligen zu malen. Es mag eine Erquickung gewesen sein, den grämlichen Aufenthalt in der Quinta, die er nur selten verließ, mit dem Natur- und Farbenzauber Andalusiens zu vertauschen. Wie lange Goya in Sevilla blieb, ist

nicht bekannt; wir wissen nur, daß er bei dem Maler José Maria Arango Wohnung nahm, dessen Sohn er zum Dank für die Gastfreundschaft malte, und daß in dessen Atelier das Bild der Heiligen Justa und Rufina entstanden ist, das heute die Sakristei der Kathedrale verwahrt. Die Patroninnen sind über Lebensgröße, stehend dargestellt, mit den Märtyrerpalmen, die Augen zum Himmel erhoben, von dem göttliches Licht sie bestrahlt. Die irdenen Schüsseln, die sie in den Händen halten, erinnern an ihre Abstammung als Kinder eines Töpfers, die nackten Füße und der Löwe, der sich an die Heilige Justa schmiegt und ihren Fuß beleckt, an ihre Flucht in einsame Bergwildnis und die auf dem Boden herum-

Abb. 130. Der Scherenschleifer. Um 1826. Budapest, Nationalgalerie.
(Zu Seite 156.)

liegenden Statuentrümmer an die Venussäule, die sie am heidnischen Festtag in Sevilla zerstörten. Im Hintergrund ist die Silhouette der Stadt sichtbar mit ihrem Wahrzeichen, dem Giralda-Turm der Kathedrale. Trotz der auffallend umfangreichen, stolzen Inschrift „Francisco de Goya y Lucientes. Cesar Augustano y primer pintor de cámera del rey — año 1817" und der auf die Modellierung verwandten Sorgfalt können die warmen Lobesworte, die Goyas Freund Bermudez damals dem Werke widmete, kaum für berechtigt gelten. Die Malerei ist merkwürdig glatt und kraftlos, die Farbengebung mißlungen, die Komposition selbst ohne Wärme. Bekanntlich hat auch Murillo die jungfräulichen Patroninnen seiner Vaterstadt gemalt, einmal unter den Heiligen auf dem großen Marienbild der Kathedrale und für die Kapuzinerkirche als Seitenteil des Hochaltars (jetzt im Museum zu Sevilla). Wer

Abb. 131. Die Wasserträgerin. Um 1826. Budapest, Nationalgalerie. (Zu Seite 156.)

die andalusische Hauptstadt besucht, sollte den lehrreichen Vergleich dieser Bilder mit Goyas Schöpfung nicht unterlassen. Während der große Sevillaner seinen Heiligen echt andalusische Züge gab und kindlich-fromm in ihre edlen Gesichter und ernstblickenden Augen tiefe Innigkeit, demütig dankbare Hingabe und stille Seligkeit legte, hat der freier denkende Sohn des achtzehnten Jahrhunderts auf die Individualität der Züge verzichtet und zu seinen Figuren Modelle gewählt, denen die Leichtfertigkeit denn doch etwas zu deutlich auf dem Gesicht geschrieben steht. Kein Wunder, wenn die Fama auch hier wieder allerlei zu berichten wußte.

Drei Jahre später, 1820, eben von schwerer Krankheit genesen, die seine kräftige Natur wie spielend überwunden hatte, malte Goya in seiner Quinta für San Antonio Abad zu Madrid den Heiligen Joseph von Calasanz. Die kleine, anspruchslose Kirche wird nur selten von Kunstfreunden aufgesucht, und nur den wenigsten glückt es, in dem dunklen Raume über Goyas Bild gerade einen Lichtschimmer zu erhaschen. Aber die Mühe lohnt sich: wir stehen vor Goyas letztem Monumentalwerk. Schon diese einfache Tatsache würde hinreichen, dem Bilde, das noch an demselben Platze hängt, für den es bestellt war, Ehrfurcht zu zollen, selbst wenn es in seiner feinen Lichtführung und seiner ergreifenden Wirkung nicht anerkennenswerte malerische Qualitäten besäße. Yriarte erzählt, ein Wasserträger habe zufällig das Atelier betreten, als das Bild vollendet auf der Staffelei stand, und sei bei dessen Anblick unwillkürlich auf die Knie gesunken. In dem Seitenraum einer Kapelle nimmt der greise Heilige in gläubiger Haltung, die müden Augen geschlossen, das Abendmahl, während im Hintergrunde Männer und Kinder in

Andacht niedergefallen sind. Mag sein, daß der Naturalismus in den verschiedenen Köpfen für ein Kirchenbild zu stark betont ist, und daß auch eine sorgfältigere Auszeichnung der dunklen Architektur dem Eindruck der hellbeleuchteten Szene keinen Abbruch getan hätte — jedenfalls tritt hier ein wärmeres Gefühl zutage, als wir auf Goyas meisten Tafelbildern finden.

Dieselben Eigenschaften — ausgezeichnete Lichtbehandlung, realistische Auffassung, innerer Gehalt — sind an einem 1819 datierten kleinen Bilde zu bemerken, das ich sehr geneigt bin, für Goyas beste religiöse Leistung zu halten. Es ist ein „Christus am Ölberg" im Besitz derselben Pfarrei, der der heilige Joseph von Calasanz gehört. Außer den vortrefflichen Studien zu den letztgenannten Werken wäre noch manches gute

Abb. 132. Beschwörung einer Besessenen. Um 1820. Früher in Madrider Privatbesitz. Nach einer Originalphotographie von J. Laurent & Cie., Madrid. (Zu Seite 157.)

Heiligenbild aus diesem Zeitraume zu nennen, das Erwähnung verdiente, ohne daß freilich das Gesamturteil über Goyas religiöse Malereien dadurch beeinflußt werden könnte. Nur eine Heilige Elisabeth, die Aussätzige pflegt (in Madrider Privatbesitz), will ich noch hervorheben, weniger ihrer groß angelegten Komposition als der impressionistischen Behandlung wegen.

Im ganzen hat Goya vier große Kirchenfreskenzyklen und einschließlich der nicht selten meisterlichen Vorstudien und Entwürfe einige fünfzig Tafelbilder gemalt. Sein religiöses Werk hat also einen beträchtlichen Umfang, der für sich allein eine mittlere Lebensdauer ausgefüllt hätte. Nichtsdestoweniger liegt Goyas Stärke nicht entfernt auf diesem Gebiete. Man wird vielmehr den Eindruck gewonnen haben, daß die religiöse Malerei im Gegenteil die schwächste Seite seiner Kunst darstellt. Woran das liegt, ist leicht ersichtlich: zum großen Teil zweifellos an seiner Zeit, als deren Kind wir ihn namentlich in seinen Fresken finden, zum Teil aber auch an seiner inneren Begabung, an seiner naturalistischen Grundverfassung. Die Streitfrage, ob Goya, unbeschadet seiner Angriffe gegen Auswüchse der Kirche, wirklich von den tiefen, religiösen Gefühlen beseelt war, die vielleicht sein Briefwechsel anzunehmen gestattet, kann hier umgangen werden. Die Fähigkeit, solche Gefühle künstlerisch zum Ausdruck zu bringen, ging ihm jedenfalls ab. Nur sehr vereinzelt sind Werke von gottbegnadeter Weihe aus seinem Pinsel hervorgegangen. Murillos tiefe Frommheit hat er nie gestreift. Wie Paolo Veroneses Fresken und Altargemälde nur eine Huldigung an venezianische Frauenschönheit und frohes Renaissanceleben sind, so hat auch Goya auf seinen religiösen Bildern frank und

Abb. 133. Die Versammlung des Philippinen-Rates unter dem Vorsitz König Ferdinands VII. Studie. Um 1819. Berlin, Museum.
Nach einer Originalphotographie von Franz Hanfstaengl in München.

frei nur die Menschen seiner Zeit und seiner Umgebung gemalt, ohne Rücksicht, ob sie in Kirchenräume paßten oder nicht. Unter diesen Umständen sind die wiederholten Konflikte mit den Bestellern nicht verwunderlich. Selbst der Joseph von Calasanz ist nicht ohne Einsprache des Paters an den Ort seiner Bestimmung gelangt. Bei wenigen Künstlern war der historische Sinn so gering entwickelt wie bei Goya. Bezeichnenderweise hat er die Bahn seines Hannibalsbildes von der Jugend her in seinem langen Leben nicht ein einziges Mal wieder betreten. Aber das darf hervorgehoben werden: von den ersten Fresken abgesehen, wo der notgedrungene Wetteifer mit den akademischen Genossen ihm Schranken zog, hat er die breiten Wege der Tradition und die Gemeinplätze der Andachtsmalerei — unbewußt — immer gemieden. Was er in späteren Jahren gab, war immer ein Eignes.

*　　*　　*

Wir kommen zu den Genredarstellungen der letzten Zeit.

Es ist sehr erfreulich, daß sich unter den Neuerwerbungen der Berliner Nationalgalerie zwei von Goyas kostbarsten und schönsten Genredarstellungen befinden, die für seine malerische Entwicklung außerordentlich charakteristisch sind. Es sind wahre Meisterwerke in der Licht- und Farbenwirkung, die sich noch dazu gegenseitig ergänzen, weil auf dem einen das Schwergewicht mehr auf das Licht und auf dem anderen mehr auf die Farbe gelegt ist. Beide zeigen uns Goya auf der höchsten Stufe seiner Entwicklung, wo er das schon lange verfolgte Problem der Schilderung plötzlicher Bewegungen, flüchtiger Erscheinungen bezwungen, und wo gleichzeitig sein Farbenauftrag einen Grad der Lockerheit und Verve erreicht hat, der mit solcher Sicherheit, trotz allem Streben in den modernen Kunstrichtungen, bis auf den heutigen Tag von keinem Künstler wieder erreicht worden ist. Das eine Bild, die Cucaña, ein Geschenk des verstorbenen Herrn v. Krupp, ist eine Wiederaufnahme und Erweiterung des Maibaummotivs, das Goya 1787 für den Herzog von Osuna gemalt hatte (Abb. 28). Schon dort waren als Vorzüge der malerische Reiz der Landschaft und die hervorragende Lichtbehandlung bemerkt worden. Aber wie ist Goyas Können inzwischen gewachsen! Die Gegensätze zwischen den dunklen Gewitterwolken und dem Licht der scheidenden Sonne, zwischen der Dämmerung, die schon das Tal bedeckt und die Gestalten des Vorgrundes, auch die Reiter nur undeutlich erkennen läßt, und den im letzten Abendschein hellaufleuchtenden Mauern des hochgelegenen Kastells sind mit großartiger Kraft gegeben. Ebenso erstaunlich ist, wie die Bewegungen geschildert sind, der Volksmenge, die schwatzend um den großen Maibaum herumsteht, der Zuschauer, die sich weiter zurück bei Speise und Trank im Grase gelagert haben, des Maultierzuges im Mittelgrund und der jungen Knaben, die den Baum hinaufklettern, um sich den Preis zu holen. Nur wenige Gestalten sind zu erkennen, bloß die Konturen sind hier und da schwach sichtbar, dann und wann in dem Dunkel ein Farbenfleck auf den Gesichtern, irgendein buntes Kleidungsstück, das noch Licht hat und aufleuchtet, oder etwas Glänzendes an den Maultieren und Pferden. Aber wie das alles lebt, welche schlichte Eindringlichkeit der Naturschilderung, welche Einheit zwischen Figuren und Umgebung, und welches Wunderwerk an Farbe, Luft und Licht!

Künstlerisch und kunstgeschichtlich beinahe noch wertvoller scheint mir das andere Bild zu sein, ein Geschenk des Herrn Prof. v. Bissing in München. Es ist ein Stiergefecht, ohne Zweifel das figurenreichste und temperamentvollste, das Goya je gemalt hat. Zu dieser Bereicherung kann man die Galerie nicht warm genug beglückwünschen. Denn aus keinem andern Bilde wird vielleicht die kunstgeschichtliche Größe Goyas und seine Bedeutung für die Entwicklung der modernen Malerei so ersichtlich, wie aus dieser mächtigen Impression. Den Mittelpunkt bildet ein schwarz- und weißgefleckter Stier, der in vollem Lauf gegen einen mit der Lanze zustechenden Picador losgeht und schon den Kopf zum Stoße beugt, während sich ein Chulo auf seinen Nacken schwingt. In riesigen Sätzen eilen zum Schutze Banderilleros mit ihren weitausgebreiteten, knallroten und blauen Tüchern herbei. Seitwärts sehen wir einen zweiten Picador, der eben von seinem im Kampfe schwerverwundeten, zusammenstürzenden Schimmel abspringt. Im Hintergrunde der über und über mit Blut getränkten gelbsandigen Arena aufgeregte Gruppen von Toreros und auf den Tribünen das bunte Gewimmel der mit allen Anzeichen fieberhafter Spannung dem Schauspiel folgenden Menge. Das Bild sprüht von Leben. Es ist voll von aller Wildheit und Leidenschaft des Südens. Welche unheimliche Stille und welche Sonnenglut brütet über dem Kampfplatz! Noch nie hatte bis dahin ein Künstler gewagt, eine so stürmische, so wildbewegte, nur einen einzigen Augenblick während Handlung zu malen und dabei den Pinsel mit solchem Schwung zu führen. Zu den wundervollen Wirkungen, die wir in der Tauromaquia bemerkten, kommt hier noch die Wirkung der Farbe, die den wuchtigen Eindruck ins Ungemessene steigert. Man weiß in der Tat nicht, was man mehr bewundern soll: die erstaunlich scharfe Auffassung und lebendige Wiedergabe des Motivs oder die fabelhafte Kühnheit der Malerei. Man sehe, wie alle diese Bewegungen beobachtet und getroffen sind, der

Abb. 134. Da. Isabel Corbo de Porcel. 1806. London, National Gallery.
Nach einer Originalphotographie von Franz Hanfstaengl in München. (Zu Seite 157.)

Abb. 135. Der Architekt Tiburcio Pérez. 1820.
Paris, Durand-Ruel. (Zu Seite 160.)

Anlauf des Stieres, die Verrenkungen der Picadores, die Sprünge der Banderilleros, die Verwirrung der Gruppen, der Galopp des Berbers, das Zusammenbrechen des Schimmels. Man sehe die wundervollen Farbeneffekte, den Gegensatz der Arena mit der Mischung von hellen und dunklen Tönen, der gelben Sandfläche gegen den schwarzen Hintergrund, aus dem hundert kleine Farbentupfen, eine blaue Jacke, ein roter Rock, eine weiße Mantilla, die vom Sonnenlicht getroffen werden, herausleuchten. Kaum ein Gesicht ist deutlich zu erkennen, aber wie bei der Volksmenge der Cucaña hat man den Eindruck, daß alles lebt und sich bewegt. Und dieses Meisterstück hat ein Greis gemalt, der weit über die siebzig war. Wahrscheinlich entstand das Bild um 1820, vielleicht auch noch einige Jahre später. Heute, wo wir an Darstellungen der momentanen flüchtigen Erscheinung gewöhnt sind, wird Goyas Stiergefecht nicht in jedem

den starken Eindruck erwecken, den diese köstliche Malerei als kunstgeschichtliches Phänomen verdient. Um so schärfer muß betont werden, daß Goya als erster so bewegte, sich im Freien abspielende Szenen in die Malerei eingeführt hat. Er war der erste Impressionist der Bewegung.

Zwei prächtige Genrebilder aus den letzten Lebensjahren besitzt, schon seit längerer Zeit, das Museum zu Budapest, den „Scherenschleifer“ und die „Wasserträgerin“ (Abb. 130 u. 131). Wer hat vor Goya dergleichen gemalt, so geistvoll mit wenigen kühn hingeworfenen Strichen, ohne scharfe Linien? Alle Form zerfließt als Farbe. Die Nase ist nur ein roter Tups, das Ohr nur ein breiter, langer, kecker Strich. Aber alles wirkt und ist voller Leben. Man meint, den schwarzhaarigen, dunkelgebräunten Kerl zu sehen mit seinen aufgestreiften Hemdärmeln und seiner offenen Brust am wandernden Karren. Es ist nur die Erscheinung eines Augenblicks. Als ob er von einem Amateur überrascht worden sei, der ihn bei der Arbeit auf die Platte bringen will, blickt er auf, um durchdringend den Beschauer zu mustern, aber nur für eine Sekunde, gleich wird er fortfahren mit dem Schleifen des Messers, er hat nicht innegehalten, der Stein dreht sich noch. Man sieht’s an den verschwimmenden Rändern, genau wie bei dem Rade in dem Spinnerinnenbilde des Velasquez. Und wie frisch und gesund sie daherschreitet, das frische Kind vom Lande, in ihrer sicheren, natürlichen Haltung, den Kopf keck zurückgeworfen. Unsere Reproduktion läßt nicht ahnen, wie frei, kühn und todsicher das alles hingestrichen ist, wie die Figur sich lebendig aus dem Hintergrund heraushebt, und welch warmes Leben sie atmet, und welche feine koloristische Stimmung! Es interessiert vielleicht, die Farben zu erfahren: die Haare sind blond, die Wangen blühend, das Brusttuch weiß, der Schurz gelb, der Rock braungrau, die Strümpfe und Schuhe weiß. Hell leuchtet aus dem Ganzen der Krug im roten Terrakottaton. Das Körbchen hat gelbes Geflecht, im übrigen neutrale Töne zwischen grau, weiß und schwarz. Der Hintergrund ist eine Harmonie in grau und schwarz, der Himmel mit einem Stich ins Blaue, die Landschaft dunkel und verschwimmend, schwarz die Bäume, grauschwarz die Wiesen.

Aus der Unmittelbarkeit des Sehens heraus entstanden wohl auch die beiden kleinen, um 1820 gemalten Bilder „Taufe" und „Teufelsaustreibung", die vor einigen Jahren in Berlin zu sehen waren. Namentlich das letztere (Abb. 132) ist von packender Wirkung und wundervoller Lichtführung. Es behandelt einen Vorgang höchst dramatischer Spannung. Vor einem Altar drängt sich die Volksmenge um eine halb entblößte, vom Wahnsinn befallene Frau. Die Gruppe ist in grelles Licht getaucht, während die Kirche in tiefem Dunkel liegt, aus dem das goldgelbe Gewand des beschwörenden Priesters und die weißen Tücher der Frauen herausleuchten.

*　*　*

Eine Reihe charakteristischer Porträts aus der letzten Periode waren auf der Goya-Ausstellung von 1903 zu sehen, von denen das Bildnis des Jesuitenpaters Juan Antonio Llorente (etwa von 1809) inzwischen in Berliner Privatbesitz übergegangen ist. Der berühmte Geschichtschreiber der Inquisition, eine schlanke Gestalt mit gutmütigen Gesichtszügen, ist im schwarzen Priesterkleid gemalt. Um den Hals trägt er das breite blutrote Band des Josephsordens. Mit feiner Überlegung ist der graue Hintergrund stark mit rötlichen Tönen durchsetzt, die zu den roten Streifen des Bandes und dem frischen Inkarnat die Harmonie herstellen. Auf einen graugrünen

Ton ist das Bild des Architekten Juan Antonio Cuervo, des Akademiedirektors von San Fernando, gestimmt (1819). Straff aufgerichtet sitzt Cuervo im Staatsfrack mit dem Zirkel in der Hand am Arbeitstisch, auf dem ein Bauriß ausgebreitet liegt. Aber die grünlichen Töne des Fleisches, die aufgedunsenen, welken Wangen, der schlaffe Mund, die mattblickenden Augen deuten auf schwere Krankheit. Das Bildnis ist ein Meisterwerk der Psychologie, das an die intimen Schilderungen in Lorenzo Lottos stillen Charakterköpfen erinnert.

Ein herrliches Porträt hat 1903 die Londoner National Gallery erworben, das der Da. Isabel Corbo de Porcel (1806, Abb. 134). Es ist vielleicht das schönste Frauenbildnis, das

Abb. 136. Der Schauspieler Maiquez. Studie. 1807.
Madrid, Pradomuseum. (Zu Seite 160.)

wir von Goya besitzen. Aus den großen Augen, dem fleischigen Mund, der aufrechten Haltung spricht ungezügelte Leidenschaft. In diesem Antlitz scheint das ganze Temperament der Epoche verkörpert. Und feurig wie dieses Menschenkind ist die Malerei. Mit solcher Wonne hat der alte Kenner wohl nur selten den Pinsel geführt. So ein Kopf will pastos behandelt sein. Und diese prachtvolle Hand! Selbst keiner der Großmeister hätte eine bessere gemalt. Man muß gesehen haben, welch Leben diese Augen sprühen, wie leicht der Farbenauftrag, und wie abgewogen die Verteilung der Tonwerte ist, wie durch das wunderbare Schwarz der kühngeschlungenen Mantilla das Rot des Mieders und das Fleisch des Halses leuchtet. Dieselbe lockere und duftige Malweise zeigt ein andres Bild, das die National Gallery jüngst erworben hat, das des Dr. Peral. Die graue Grundstimmung, die diskrete Farbenwirkung, die wundervolle Malerei von Licht und Luft, die Feinheit der Psychologie und die zarten Zinnobertöne des Gesichtes erinnern an Velasquez.

Nahe verwandt mit diesem Bilde und wohl aus derselben Zeit ist das Porträt des D. Perez de Castro, das 1903 in den Louvre gekommen ist. Der spanische Staatsmann, der sich in Mußestunden gern mit der Kunst beschäftigte, steht vor einem Zeichenblatt und hat den Stift in der Hand. Das feine Grau des Rockes gibt den Grundton an, duftig steht der feinmodellierte Kopf gegen den neutralen Hintergrund. Wundervoll ist die Wiedergabe der lichtdurchtränkten Atmosphäre.

In Pariser Privatsammlungen befinden sich noch zwei ausgezeichnete Porträts, die in Farbentönung, Charakterschilderung und Malerei zu Goyas reifsten Werken zählen. Sie sind wahrscheinlich schon deshalb mit äußerster Delikatesse ausgeführt, weil hier zu dem psychologischen Interesse noch verwandtschaftliche Zuneigung kam. Das eine stellt Goyas Schwiegertochter dar, in dem andern hat die Tradition von jeher Goyas Enkel erblickt. Da. Gumersinda de Goicoechea entstammte einer wohlhabenden, gebildeten und angesehenen Familie von Zaragoza, mit der Goya schon von jungen Jahren her befreundet war. Durch seines Sohnes Heirat waren die Beziehungen noch enger geknüpft worden. Wir werden sehen, daß der Meister mit Goicoechea, Xavers Schwiegervater, später den Aufenthalt in Bordeaux teilte und dereinst in dessen Grabe seine Ruhestätte fand. Da. Gumersinda ist der Typus einer Spanierin. Wundervolles, braunes Lockenhaar umrahmt das zarte, vornehme Gesicht, aus dem träumerisch die dunklen Augen blicken. Ein entzückendes Bild der Anmut, wie es der Süden nicht zu häufig bietet. Seitwärts gewendet, aber den Beschauer ansehend, ist sie in einfacher,

Abb. 137. General Juan Martin, el Empecinado.
Madrid, Marqués de Casa Torres. (Zu Seite 160.)

ruhiger Haltung dar=
gestellt, wie sie auf
dem Stuhle sitzt. Die
im Schoß ruhenden
Hände halten zwei
Rosen. Plastisch löst
sich die sympathische
Gestalt in ihrer hellen
Gewandung von dunk=
lem Grunde. Das
Bild ist schon früh=
zeitig aus Spanien
herausgekommen und
wurde merkwürdiger=
weise, als es 1873
auf einer Brüsseler
Ausstellung erschien,
für ein Porträt der
Charlotte Corday ge=
halten, woraus sich
mit Hilfe phantasie=
begabter Franzosen,
die sich Goya als
Parteigänger ihrer
Revolution vorstell=
ten, eine ganze Legende
entwickelte. Grau, wie
auf dem Bilde seiner
Mutter, ist auch die
Grundstimmung auf
dem Porträt Mariano
Goyas. Es ist das
berühmte Bildnis
eines jungen Mannes
in Grau, wie es ge=
nannt wurde, wo die
Tradition über die
Person des Modells
keine Anerkennung
fand. Der Porträ=
tierte steht noch in
den ersten Jünglings=

Abb. 138. Selbstbildnis des Künstlers. Madrid, Conde de Villagonzalo.
(Zu Seite 162.)

jahren. Eine hochaufgeschossene Gestalt, ohne Spuren kräftigen aragonesischen Bauern=
geschlechts, mehr ein Dandy, der künftige Marqués del Espinar. Aber der Alte
muß auf den Enkel gewaltig stolz gewesen sein. Wir wissen, daß er ihn mit
närrischer Leidenschaft liebte, daß er ihn zum Begleiter nahm, als er mehr als achtzig
Jahre alt über die Pyrenäen ging, und daß er ihn bei sich hatte, als der Tod den
Greis zu holen kam. Mariano hat nachlässig eine Hand in die Weste gesteckt, die
andere stützt sich, einen riesigen Dreimaster haltend, weggestreckt auf einen Stock. Das
elegante Stutzerkostüm — langschößiger, frackartiger, mit violetter Seide gefütterter
Rock, große Aufschläge, Spitzenjabot, breitgestreifte Beinkleider, hohe Stulpenstiefeln —
wird sehr wirksam durch ein schneeweißes Schoßhündchen mit roter Schleife ergänzt,
das zu seinen Füßen ruht. Es liegt wohl mehr an diesem Aufzug als an der
Malerei, daß man hier Anklänge an Greuze und Prudhon feststellen wollte. In Wirk-

lichkeit ist es ein echter Goya, der von Velasquez herkommt, aber modernes Farben-
empfinden hat.

Ein vorzügliches Bild (Abb. 135) befindet sich unter den Schätzen des Kunsthändlers
Durand-Ruel in Paris, der auch den Cuervo besitzt und den Llorente besaß. Es ist eins
der letzten Porträts, die Goya in Madrid gemalt hat, wahrscheinlich aus dem Jahre 1820.
Der Dargestellte, der Architekt Tiburcio Pérez, war einer der wenigen, die in Goyas
Quinta verkehrten und dem Greise von Zeit zu Zeit eine Stunde verkürzen halfen.
Bei einer solchen Gelegenheit ist offenbar das Bild entstanden. Pérez, eine frische Er-
scheinung mit echt spanischem Gesichtsschnitt, hat sich des Rockes entledigt und hält die
Arme über der Brust gekreuzt. Freundschaftliches Empfinden hat hier ein offenbar
sprechend ähnliches Werk gezeitigt, das auch technisch interessiert. Aus dem dunklen
Hintergrund leuchtet der prachtvoll modellierte, mit üppigem Haar umwallte Kopf und
das Schneeweiß der Hemdärmel. Es wird wenige Bildnisse des neunzehnten Jahrhunderts geben, die einen gleich starken Eindruck hinterlassen. Als Goya es malte, war
er 74 Jahre alt.

Aus den Sammlungen der französischen Provinzialmuseen ist das Porträt des
jüngeren Herzogs von Osuna (1816) zu erwähnen, das wir in Bayonne finden. Hier
hat Goya von dem einheitlich abgetönten Hintergrund, den er in den letzten Jahrzehnten bei seinen Porträts fast ausschließlich verwendet, Abstand genommen und das
Modell, wahrscheinlich auf dessen Wunsch, in eine Berglandschaft gestellt. Ein Reit-
knecht, der mit seinem Tier etwas zurücksteht, hat einen Brief überbracht, den der
Herzog liest.

Von den Porträts, die in letzter Zeit über die Pyrenäen gekommen sind, verdient
noch das des Justizministers Marqués de Caballero aus dem Jahre 1807 Erwähnung,
welches das Pester Museum jüngst aus Salamanca erwarb. Der Minister sitzt auf
dunkelrotem, goldverschnürten Sessel und trägt schwarzen Staatsrock mit roten Ärmel-
aufschlägen und goldenen Stickereien, hochrote Beinkleider und blauweißblaue, moirierte
Schärpe. Der Hintergrund ist graubraun, das Gesicht wieder stark rötlich gefärbt,
kräftig gemalt, wie die wenig durchgezeichneten Hände. Das vorzügliche, psychologisch
interessante Porträt erinnert in der Lösung des Farbenproblems an den Guillemardet
im Louvre. Das in demselben Jahre gemalte Gegenstück der Gattin, einer ehemaligen
Kammerjungfer der Königin Marie Luise, befindet sich bei dem Marqués de Corvera
in Madrid.

Was an Porträts der letzten Jahrzehnte in Spanien verblieben ist, kann hier nur
kurz in den bekannteren Hauptstücken gestreift werden. Außer den im Laufe der Darstellung schon erwähnten sind hier in staatlichen Sammlungen hervorzuheben: der
General José Palafox, spätere Duque de Zaragoza (1808) im Prado, D. José Vargas y
Ponce (1805) in der Geschichtsakademie und D. José Luis Muñárriz, der Kanzlei-
vorsteher von San Fernando (1818), in der Kunstakademie. Zahlreich sind die Bildnisse in Madrider Privatbesitz. Beim Marqués de Casa Torres, der auch das reizende
Porträt von Bermudez' Gattin besitzt, finden wir Juan Martin de Goicoechea, den
Schwiegervater von Goyas Sohn (1810). Die trefflichen Bildnisse des Schauspielers
Maiquez und seiner Gattin (1807), die zu Goyas intimem Kreise gehörten, hat der
Graf neuerdings verkauft. Sie sind leider über das große Wasser gegangen und befinden
sich jetzt in Philadelphia (Sammlung John Johnson). Eine Studie zu Maiquez' Bilde
ist im Prado (Abb. 136). Sonst sind in Madrider Privatsammlungen noch erwähnens-
wert: Ignacio Garcini und seine Gattin (1804), der General Juan Martin (Abb. 137), der
Marqués de San Adrian (1804, ein treffliches Bild), der Duque de Trastamara (1810),
Goyas Enkel Mariano als Kind (1810) und die Duquesa de Abrantes (1816). Eine
besondere Hervorhebung verdienen die beiden Porträts eines schönen, echt spanischen
Frauenkopfes von besonderem Liebreiz, der Da. Antonia Zarate, einmal als Brust-, das
anderemal als Kniestück, die sich beide noch im Besitz der Familie befinden (1819),
und der prachtvolle, derbrealistische Studienkopf eines Blinden, der, vom Volke Onkel
Paquete genannt, an der Treppe der Kirche San Felipe zu stehen pflegte.

Auch in den Provinzen finden wir eine Reihe koloristisch und psychologisch gleich interessanter Porträts, so in dem kleinen Baskenstädtchen Eibar in der Sammlung des bekannten Malers Ignacio Zuloaga die Marquesa de Baena (1813), im Museum zu Valencia den Kupferstecher Rafael Esteve (1815), der mit Goya befreundet war und ihm wahrscheinlich beim Drucken der Radierungen zur Hand ging, und in Zaragoza

Abb. 139. Bildnis eines Unbekannten.
Nach einer Originalphotographie von J. Laurent & Cie., Madrid.

die Schwiegermutter von Goyas Sohn, Juana de Goicoechea (1810), sowie den hochinteressanten Aristokratenkopf des Duque de San Carlos (1815). Das von Zapater erwähnte Bildnis Azaras, das v. Loga als verschollen notiert, befindet sich übrigens im Ayuntamiento zu Zaragoza.

*   *   *

Sich selbst hat Goya oft gemalt. Wir haben Bildnisse von ihm aus allen Lebensepochen, vom Dreißiger an, und können die Wandlung seines Äußeren genau verfolgen.

Das früheste nachweisbare Selbstporträt besitzt der Conde de Villagonzalo in Madrid (Abb. 138). Ein merkwürdig anziehendes Bild! Etwas Zigeunerhaftes ist an dieser Erscheinung. Vielleicht liegt es an der eigenartigen Kleidung, den enganliegenden, quergestreiften Hosen, der kurzen, mit Borten bestickten Jacke, der sonderbaren Hutform. Aber der Kerl, der da malend mit der Palette vor der Staffelei steht und über die Schulter dem Beschauer gerade ins Auge blickt, ist aus einem Guß. Zur Kleidung paßt das dunkle Gesicht, das weit herabfallende Haar, die schneidige Haltung. Interessant ist die Lichtbehandlung: der Künstler steht gegen ein großes Fenster, das fast den ganzen Hintergrund einnimmt, und löst sich, die zugekehrte Seite im Schatten, aus der Helligkeit als wirksame Silhouette. Ganz wie auf Goyas Genrebildern häufig die Figuren gegen den lichten Himmel gestellt sind.

In die nächste Zeit fallen Selbstporträts, die auf anderen Gemälden angebracht sind: auf dem Familienbild des Infanten Don Luis von 1783, auf dem Bilde des predigenden Bernhardin in San Francisco el Grande von 1784 und auf dem Porträt des Grafen Florida = Blanca aus demselben Jahre. Ähnlich finden wir ihn, aber mit offenbarer Verjüngung dargestellt, auf der interessanten Promenade mit der Herzogin von Alba (Abb. 50). Zu dem Bildnis auf dem Bernhardinaltar ist in spanischem Besitz zu Venedig eine meisterhafte Studie vorhanden, die uns den Künstler lebensgroß im Pelzkragen und hohen Spitzenjabot mit ungepudertem, als Zopf bis auf den Rücken fallenden Haar vor der Staffelei zeigt. Etwa von 1786 stammt ein Miniaturenbildchen, das zwar verschollen ist, zum Glück aber rechtzeitig durch einen Holzschnitt vervielfältigt wurde. Der Künstler erscheint in der Hoftracht. Das schöne, wellige Haar ist nach der Mode der Zeit sorgsam gepudert und im Nacken durch ein Band zusammengehalten. Elegant sitzt das kleidsame Kostüm. Ein leichtes Bärtchen an den Ohren, wie man es in Spanien von jeher gern trug, umgibt das volle Gesicht. Die hohe Stirn und die gewölbten Augenbrauen künden Willenskraft, das kräftige Kinn, die volle Unterlippe und der auffallend entwickelte, wahrhaft stiermäßige Nacken lassen auf Sinnlichkeit schließen. Heiterer Sonnenglanz liegt auf diesem Antlitz, aus den Augen spricht Festigkeit und Frohsinn. Es ist der vierzigjährige Künstler, der nun der leidigen Sorge enthoben ist, seine Bahn geebnet sieht und als Maler des Hofes das Ziel seines Ehrgeizes erreicht hat. Schade, daß ein interessantes Gegenstück, Goya als Stierkämpfer, verloren ging.

Bald aber finden wir Goya in Aussehen und Haltung stark gealtert. Die Verwegenheiten romantischer Jugendjahre sind vorüber, aus dem Raufbold und Frauenjäger ist längst ein erstaunlich arbeitsamer Mann geworden. Wiederholte Krankheiten und beginnende Taubheit graben ihre Spuren in seine Züge. „Ich bin alt geworden, mit meinen vielen Runzeln würdest Du mich kaum wieder erkennen," schrieb Goya 1790 nach Zaragoza, und in der Tat bestätigen die Porträts der nächsten Jahre eine merkwürdige Veränderung. Das berühmte Selbstbildnis mit der Brille zeigt den Schöpfer der Caprichos. Tiefer Ernst liegt über das Gesicht gebreitet, man könnte an einen stillen Gelehrten denken. Der durchdringende, seitwärts über die Gläser gerichtete Blick verrät Geist, Innenleben, scharfe Beobachtung, aber auch etwas wie Abgeschlossenheit, Bitterkeit, Mißtrauen und Hintergedanken. Das Bärtchen ist stärker geworden, auf das einfach zurückgestrichene Haar ist nicht mehr die alte Sorgfalt gelegt, die Gesichtszüge und die Ballen unter dem Kinn weisen auf reife Mannesjahre. Sehr fein ist die Koloristik: zu dem Weiß der breiten Halsbinde und zum Inkarnat steht in frischer Harmonie das Blaugrün des Rockes. Das Bild ist in drei Exemplaren vorhanden, im Museum der südfranzösischen Kreisstadt Castres, in der Bonnat=Sammlung des Museums zu Bayonne und in Madrider Privatbesitz. Denselben Eindruck gewinnt man aus dem Profilporträt von 1797, das die Caprichos einleitet (Abb. 78). Wir sehen Goya in der Alltagskleidung mit dem charakteristischen Bolivarhut als Fünfzigjährigen. Eine unvergeßliche Physiognomie! Der Blick der weit von den Lidern bedeckten Augen hat einen Stich ins Boshafte und Spöttische angenommen. Das Alter ist noch weiter fortgeschritten. Dieser Mann war vergrämt, bis zum äußersten verbittert. Das ganze Unglück der Taubheit mit seiner Vereinsamung liegt wie ein Alpdruck auf seiner Seele. Welcher

Abb. 140. D. Ramon Satué, Alcade de Corte. 1823. Im Besitz des Dr. Carvallo in Paris.
Nach einer Originalphotographie von J. Laurent & Cie., Madrid.

Unterschied von dem Porträt des jugendlichen Hofmalers und Akademiedirektors oder gar von der kecken Impression von San Lúcar!

Der gleichen oder einer nur wenig früheren Zeit gehört das Selbstbildnis an, das der Marqués de Pidal in Madrid besitzt. Auch mich hat es beim ersten Anblick an den alternden Beethoven erinnert. Es ist dieselbe auffallend starke, frei um den Kopf wogende ungeordnete Haarfülle, dieselbe breite Stirn und breite Anlage des Kopfes, aber auch Ähnlichkeit im Ausdruck und in der Haltung ist vorhanden. Das eigentlich verbindende Moment ist wohl die Schwerhörigkeit, die diesem Gesicht mit erschütternder Deutlichkeit aufgeprägt ist. Das weiße, in einer mächtigen Schleife geknüpfte Halstuch, die weiße Weste, der dunkle, frackartige Rock verleihen dem Bild etwas Feierliches. Tiefe Schwermut spricht aus den Zügen und den Augen, die ernst auf den Beschauer gerichtet sind. Stirn und Wangen sind von Runzeln durchfurcht. Wieder steht der fleißige Künstler vor seiner Staffelei — gegen einen etwas helleren Hintergrund, von dem sich der nur in den oberen Partien belichtete Kopf mit der Mähne gut abhebt.

Wer sich die Visionen der Quinta-Malereien und der Sueños nur als Zwangsvorstellungen eines an Geist und Gemüt Erkrankten erklären kann, sehe sich Goyas Selbstbildnis an, das in der Madrider Akademie und mit leichten Abweichungen noch einmal im Pradomuseum hängt (Abb. 110). Es ist 1815 datiert, stammt also aus derselben Zeit, in der jene düsteren Phantasien entstanden. Vom Wahnsinn ist hier nichts zu spüren. Wohl zittert leise eine Spur von Melancholie um die Linien des Mundes, aber die Leidenszüge haben sich vermindert. Das ist nicht mehr der in der Einsamkeit Vergrämte und im Argwohn zum Menschenfeind Gewordene, den wir aus den Bildnissen der neunziger Jahre herauslesen. Dieser Siebzigjährige sieht im Gegenteil aus, als ob er mit seiner robusten Natur aller dämonischen Anfechtungen Herr geworden und auch körperlich bei weit besserer Verfassung sei als zwanzig Jahre zuvor. Es ist der Greis, der noch nichts von Greisentum spürt, der ein Lebensalter wie Tizian erreichen will. Welche unbändige Kraft spricht aus diesem Kopf, den noch das volle Haar umrahmt, und wie mild und freundlich, fast heiter blicken die Augen!

Goya hat sich in der Tat bis in die letzten Jahre seines ausgedehnten Lebens eine erstaunliche, unerhörte Frische des Körpers und Geistes bewahrt. Seine Schaffenskraft, sein scharfes Denk- und Beobachtungsvermögen, seine Teilnahme an Menschen, Zeit und Umgebung haben bis ans Grab gedauert. Ohne ein Bedürfnis nach Ruhe zu empfinden, war noch der Achtzigjährige unablässig, feurig wie ein Jüngling, Tag für Tag bei der Arbeit, und kein Werk verrät die Greisenhand, verrät ein Schwinden der geistigen Fähigkeiten.

In jener Zeit beschwerlicher Postfahrten war es gewiß ein Riesenentschluß, daß Goya sich im Juni 1824, mehr als 78 Jahre alt, allein auf Reisen begab, über die Pyrenäen hinweg. Was ihn bewog, Haus und Heimat zu verlassen, ist nicht recht aufgeklärt. Sein Urlaubsgesuch — denn noch immer war er als Hofmaler mit Gehalt in Staatsstellung — hatte er mit Gesundheitsrücksichten begründet. Tatsache ist aber, daß er nach dem lothringischen Schwefelbade Plombières, dem angeblichen Ziel seiner Reise, nie gekommen ist, und daß er, als sein Urlaub abgelaufen und ein neuer für die Quellen von Barèges in den Pyrenäen bewilligt war, auch dieses Bad nicht besucht hat. War das Gichtleiden nur ein Vorwand? War es ihm in Madrid unheimlich geworden, hatte der Schöpfer der Caprichos jetzt, wo er vereinsamt war und des Schutzes mächtiger Freunde entbehrte, die Rache seiner alten persönlichen und politischen Gegner zu fürchten? Soweit man sehen kann, hat König Ferdinand, nach der anfänglichen Mißstimmung über den Afrancesado, Goya gut behandelt, auch sein späteres Verhalten läßt nicht auf persönliche Verfolgungsgelüste schließen. Aber die Reaktion war am Werk, und der Alte war ihr sicherlich nicht gewogen. Eine Zeichnung von 1819, die einen Arbeiter darstellt, der, auf der Leiter stehend, mit der Hacke eine Bildsäule zerstört, trägt die Unterschrift: O Volk, wüßtest du, wessen du fähig bist! Mit solchen Gedanken konnte es Goya in der Nähe Madrids nicht mehr behaglich sein. So ging er wohl freiwillig dahin, wohin andere, darunter viele seiner Freunde, nach Ferdinands Rückkehr gezwungen gegangen waren: ins Exil. Es scheint auch, daß sich zu der politischen Gegnerschaft Verstimmungen anderer Art gesellten. Wie Goya in seinen Briefen aus dieser Zeit durchblicken läßt, fühlte er sich als Künstler mehr und mehr zurückgesetzt. Zu dem Hofe hatte er keine Beziehungen mehr, seine alten Freunde waren meist verstorben oder ins Ausland gegangen, Cean Bermudez und der Maler Carnicero waren schließlich die einzigen, die ihm dann und wann in seiner Einsiedelei auf eine Stunde Gesellschaft leisteten. Nur der Abschied von dem geliebten Sohne, der in Spanien zurückblieb, mag dem Alten schwer geworden sein.

Zunächst war Goya nach Bordeaux gegangen, wo er Landsleute und gute Freunde aus alter Zeit traf. Aus den spanischen Flüchtlingen hatte sich dort eine ganze Kolonie

Abb. 141. Frauenbildnis, genannt das Milchmädchen von Bordeaux. Um 1826. Madrid, Condesa Viuda de Muguiro. (Zu Seite 166.)

gebildet, auch der berühmte Verfasser von El Sí de las Niñas, der Dichter Moratin, gehörte dazu, der in einem Briefe vom 27. Juni 1824 von dem Aufenthalt des Meisters folgende anschauliche Schilderung entwirft (v. Loga, 144): „Goya ist wirklich angekommen, alt, unbeholfen und schwach, ohne ein Wort französisch zu sprechen und ohne einen Dienstboten, aber durchaus zufrieden und voll Verlangen, Menschen zu sehen. Er blieb hier drei Tage und speiste mit uns an unserem Junggesellentisch. Ich habe ihn ermahnt, daß er im September zurückkehren und sich nicht an Paris binden soll, damit er vom Winter dort nicht überrascht werde .... Wir werden sehen, ob er von dieser Reise lebendig zurückkommt."

Nach nicht ganz dreimonatiger Abwesenheit kehrte Goya tatsächlich in der zweiten Hälfte des September nach Bordeaux zurück. Er hatte in Paris ein Stiergefecht gemalt, seine spanischen Gastfreunde porträtiert und sich allerlei Kunstwerke angesehen.

Inzwischen war auch Da. Leocadia mit ihrem Töchterchen Rosario in Bordeaux eingetroffen, um dem Greise in seinem neuen Heim wie in der Quinta die Wirtschaft zu führen. Goya hing mit großer Liebe an dem Kinde, das er schon seit Jahren im Zeichnen unterrichtete, und war rührend für ihre weitere Fortbildung bemüht, durch die sie es später in Madrid zu einer lokalen Berühmtheit brachte. Leocadia selbst wird als eine leidenschaftliche Spanierin geschildert, deren Lebhaftigkeit nicht selten zu vorübergehenden Störungen der häuslichen Harmonie Anlaß gab, die sich aber nichts-destoweniger Goya in seinen alten Tagen als treue Stütze erwies: sie pflegte seine Gewohnheiten, sorgte für seine Ordnung und belebte seine Erinnerungen. In dieser Umgebung konnte er sich wie in seinem Heim am Manzanares fühlen. Auch die Kolonie seiner Landsleute war eifrig bestrebt, dem alten Meister den Lebensabend so heiter wie möglich zu gestalten. Unter den ausgezeichneten Menschen, aus denen sie sich zusammen-setzte, hatte sich Goya besonders warm an einen jungen Marinemaler de Brugada angeschlossen, der den Alten oft auf seinen Spaziergängen begleitete. Die Leidens-gefährten pflegten sich täglich in einem Lokal der Rue de la Petite-Taupe zusammen-zufinden, wo die Gedanken dann gemeinsam im Vaterlande verweilten. Bei solchen Gelegenheiten scheint Goya nicht selten Anwandlungen von Heimweh gehabt zu haben. „Ihm gefällt alles," schrieb Moratin im April 1825, „die Stadt, die Umgebung, das Klima, die Lebensbedingungen, die Unabhängigkeit und die Ruhe, die er genießt. Seit-dem er hier ist, hat er keinen Anfall seiner schmerzhaften Leiden gehabt .... Mit seinen 79 Lenzen und seinen Sulzfüßen weiß er nicht, was er will oder was er hoffen soll. Manchmal versetzt er sich darauf, daß er in Madrid viel zu tun hätte, und wenn wir ihn ließen, würde er sich auf ein Lasttier setzen und wie ein Bauer nach Hause trotten" (v. Loga, 146, 150).

Die Heimat war auch das Leitmotiv in Goyas Arbeiten aus dieser Zeit. Wir sehen Stierkämpfe und spanische Volkstypen. Damals entstanden die schon besprochenen vortrefflichen Genredarstellungen der Pester Galerie, die „Wasserträgerin" und der „Scherenschleifer" (Abb. 130 u. 131), ferner der ideale Kopf eines schlafenden Mädchens, El Sueño genannt (in Madrider Privatbesitz) und das herrliche Bild eines „Milch-mädchens", eine Harmonie in Blau, aus der sich nur der Fleischton und der rote Krug herausheben (Abb. 141). Er malte die Bildnisse seiner neuen Freunde und Exilgenossen. Es sind ohne Ausnahme schlichte, ausdrucksvolle Köpfe, nur mit wenigen Akkorden gegen einen in unbestimmtem Grau schimmernden Hintergrund gemalt, voll der feinsten Charakteristik. Man sieht, wie lieb und wert ihm diese Landsleute geworden waren, man nimmt Anteil an ihren Geschicken, ihrem Innenleben und bewundert, wie der Alte diese Augen und Züge durchgeistigt, diesen Menschen hineingeleuchtet hat bis in die Tiefe der Seele.

Daneben nahm Goya seine Versuche in der Lithographie wieder auf, die er bereits vor seinem Weggange von Madrid begonnen hatte. Die neue von dem Münchener Aloys Senefelder erfundene Kunst des Steindrucks lag damals noch in den ersten un-vollkommenen Anfängen, und für das rastlose Streben des alten Mannes zeugt, daß er ihr seine Aufmerksamkeit zuteil werden ließ. Im ganzen umfaßt sein lithographisches Werk 17 Blatt, welche dort in die Jahre 1819 und 1825 bis 1828 fallen. Wieviele von ihnen noch in Madrid entstanden, ist nicht ganz sicher. 1819 datiert sind nur das Duell zwischen den Kavalieren und die Spinnerin. Die meisten und namentlich die größten und besten Blätter können wir den letzten Lebensjahren zuschreiben. Dazu gehören die unter dem Namen „Die Stiere von Bordeaux" bekannten, von Goya selbst als Diversion d'España (Spanische Zerstreuung) bezeichneten vier Stiergefechtsszenen, kleine Meisterstücke in Licht und Bewegung, die in der lebendigen, geistreichen Komposition die

schönsten Blätter der Tauromaquia schier übertreffen (Abb. 142). Sie haben Delacroix'
berühmte Steinzeichnungen zum Faust und zum Götz von Berlichingen beeinflußt. Man
sieht hier, daß Goya nicht des unmittelbaren Eindrucks der Wirklichkeit bedurfte, und
staunt über die Erinnerungsfrische des Greises, der die Bilder der Heimat auf die
Steinplatte brachte, als hätte er sie eben erst gesehen. Stiergefechte waren in Bordeaux
nicht zu haben, nur der Zirkus bot einen schwachen Ersatz, den sich Da. Leocadia als
Vollblutspanierin mit dem Alten nicht entgehen ließ. Seit den Heldentaten der Arena,
die Goyas Lithographien verewigen, waren Jahrzehnte vergangen, aber frisch, wie eben
erlebt, stand alles vor seiner Seele. Wunderbar!

 Auch die Lithographien sind ungemein selten. Von den Madrider Blättern gibt
es nur vereinzelte Exemplare. Wieder waren nur wenige Drucke hergestellt worden,
die er still in seinen Mappen barg oder Bermudez verehrte, vor dem er in künstlerischen
Dingen kein Geheimnis hatte. Selbst die in einer Auflage von 300 Stück erschienenen

Abb. 142. Stierkampf. Lithographie. Um 1825. (Zu Seite 167.)

Stierbilder sind nur äußerst selten auf dem Kunstmarkt zu treffen. Mit rührender
Bescheidenheit hatte Goya, wie v. Loga berichtet, die Blätter seinem Pariser Gastfreund
mit der Bitte gesandt, sie um geringen Preis in einer Kunsthandlung unterzubringen,
die sie anonym erscheinen lassen solle. Mit dem Stein pflegte Goya wie mit der Leinwand zu arbeiten; er stellte die Platte auf die Staffelei und führte dann stehend die
Zeichnung aus, indem er, immer das Vergrößerungsglas in der Linken, bald herantrat,
bald zurückging. Es ist bewundernswert, was für feine und malerische Wirkungen er
aus dem spröden Stein herauszuholen vermochte. Ich glaube nicht, daß die Geschichte
der Lithographie, die ja dann allerdings durch Gros, Géricault und Delacroix einen
bedeutenden Aufschwung nahm, bis 1828 Blätter aufzuweisen hat, die nur annähernd
sich mit Goyas Stierkämpfen messen können. Aber auch die kleineren Sachen sind
äußerst anziehend und nicht minder fein gezeichnet.

 Die Motive haben große Mannigfaltigkeit; wir sehen einen Mönch mit dem
Kruzifix, Liebespaare, Duelle, eine ihren Kindern vorlesende Mutter, einen Stier, der
von Hunden angefallen wird, ein Weib, das im Schoß einer Alten schlummert, einen

Höllenspuk, eine spinnende Frau, einen Picador, eine andalusische Tänzerin und das Bildnis des Lithographen Gaulon in Bordeaux, der die Platten für Goya zu drucken pflegte.

Anscheinend hatte der Alte sich noch viel vorgenommen. Die massenhaften Tusch-, Kreide- und Federzeichnungen aus der letzten Zeit, die sich im Nachlaß fanden, hätten noch für eine ganze Reihe graphischer Serien gelangt. Er hat sie meist abends bei Lampenlicht mit Hilfe der Linse ausgeführt. Es sind Hunderte von Blättern, die, heute leider zerstreut, sich im Prado und in spanischen Privatsammlungen befinden, wie bei Don Aureliano de Beruete zu Madrid, der überhaupt viel von Goya besitzt. Manche muten mit ihrem Teufels- und Hexenspuk, ihren Inquisitions- und Gefängnisszenen, ihren philosophischen Allegorien, ihren Weltverbesserungstendenzen wie eine neue Auflage der Caprichos an. Wir finden ähnliche Unterschriften wie dort, nicht selten ergreifenden und bitter satirischen Inhalts. „Besser ist, man stirbt" und „Nur noch wenige Stunden" kehren öfter wieder. Weit mehr interessieren die Skizzen, die er freudigen Auges dem wirklichen Leben entnahm. Zum Bilde ward ihm alles, was er sah. Wie er die Eindrücke kräftig und jugendfrisch gewonnen hatte, ließ er sie in die materielle Erscheinung zurückkehren. Wir Menschen der Jahrhundertwende sind durch die Erfindung der Photographie und durch die riesige Entwicklung der Illustration, einer der bedeutendsten Errungenschaften unserer Zeit, dergleichen Bilder gewöhnt. Vor achtzig Jahren aber war jedes Blatt dieses Achtzigjährigen eine Tat. Hier ist alles aus erster Hand. Mit zu dem phänomenalsten scheint mir „Der Schlittschuhlauf" zu gehören, eine Federzeichnung mit nicht weniger als 26 Figuren, die sich auf dem Eise tollen, in den mannigfaltigsten und verzwicktesten Bewegungen, die mit überraschender Sicherheit getroffen sind. Man denke: ein Spanier, der andalusische Frauen malte, und der Eislauf! Wie ein Holländer hat er's gezeichnet, man wird an die Bilder und Sepiazeichnungen erinnert, auf denen van de Velde, de Noordte, Avercamp und Braakmann lebensfroh die Wintervergnügungen ihrer Landsleute schilderten.

Auch ein Selbstbildnis ist darunter, sein letztes, eine winzige Federzeichnung, die einem Briefe entstammt, auf dessen Kopf er sie gekritzelt hatte. Der Alte sieht wohlgenährt aus und blickt mit erhobenem Haupte noch frei und kühn in die Welt. Unter der keck aufgesetzten Schirmmütze quillt noch dichtes Haar hervor. Nur die herabgezogenen Mundwinkel und der etwas kritische Blick der Augen lassen darauf schließen, daß es in diesem Leben auch Tage der Bitterkeit gab.

Noch einmal sah Goya Madrid und Vaterland wieder. König Ferdinand nahm ihn wohlwollend auf, erhöhte den Jahresgehalt auf 50 000 Realen, bewilligte den erbetenen Urlaub auf unbeschränkte Zeit und ließ ihn die Hauptstadt nicht eher wieder verlassen, als bis er sich von Vincente Lopez, dem nunmehrigen Hofmaler, hatte porträtieren lassen (Titelbild). Das in wenigen Stunden gemalte, aber vortrefflich gelungene Bild hängt heute im Pradomuseum. Der Meister sitzt, mit hellem, offenen Rock, Vatermörder und Spitzenkrawatte bekleidet, mit Pinsel und Palette vor der Staffelei. Vom Modellsitzen nicht ermüdet, war Goya nach Vollendung des Bildes, wie Caveda erzählt, noch frisch genug, dem Kollegen lebhaft gestikulierend Torerokunststückchen zu erklären. Als er aber zur Palette griff, um nun seinerseits Lopez zu malen, versagte die Hand. Melancholisch übergab er die Quinta seinem Sohne, nahm Abschied von allen liebgewonnenen Plätzen, von den Gräbern, von den Straßen, die er einst mit seinen Taten erfüllt hatte, und ging aufs neue über die Pyrenäen, diesmal von seinem Enkel Mariano begleitet. Um sich über den Abschied zu trösten, warf er sich mit wahrer Wut über die Arbeit, aber nur, um sich zu überzeugen, daß der Körper der rege gebliebenen Phantasie nicht mehr seinen Dienst verrichten wollte. Das Lid des linken Auges vermochte sich, wie man auf Lopez' Bilde sieht, nicht mehr zu halten, die Augen selbst waren halber Erblindung verfallen. Schon seit langer Zeit mußte der Greis zu seinen Arbeiten sich doppelter Brillengläser bedienen, zu denen noch eine Lupe hinzukam. Aber obwohl die Hände zitterten und er kaum noch sehen konnte, malte und zeichnete er weiter. Die Steinplatte mit der Tänzerin (Abb. 143) und das Bildnis seines Freundes Juan de Muguiro, großzügig, mit wunderbarer Energie gemalt und mit der

Inschrift „A los 81 años en Bordeos Mayo de 1827“ bezeichnet, waren wohl seine letzten größeren Arbeiten.

Es war ein erbitterter Kampf mit dem Greisentum, den er aufnahm, und da er einsehen mußte, daß nicht er der Sieger blieb, so verfiel er bisweilen in solche Krisen furchtbaren Zornes, daß die Freunde für sein Leben fürchteten. Manchmal versuchte er es, sich Vaterland und Jugend zu vergegenwärtigen, indem er sich ans Klavier setzte und mit zitternden Händen die Noten zu einem spanischen Volkslied zusammensuchte, tief hinabgebeugt auf die Klaviatur, um einen Ton zu erhaschen, aber ach, er war taub, und nicht ein Ton seiner Jugend drang mehr in seine Seele. Nach solchen vergeblichen Versuchen pflegte er in tiefe Melancholie zu versinken.

Die letzten Schriftzüge seiner Hand waren wenige Zeilen, die er an den Sohn nach Madrid richtete, als dieser ihm seine bevorstehende Ankunft gemeldet hatte: „Lieber Xaver! Ich kann Dir nicht mehr sagen, als daß die große Freude mich mitgenommen hat,

Abb. 143. Die Tänzerin. Lithographie. 1827. (Zu Seite 168.)

und daß ich zu Bett liege. Gott gebe, daß ich Dich sehen und umarmen kann; meine Freude wird dann vollständig sein. Lebe wohl! Dein Vater Francisco.“ Wenige Tage darauf traf ihn ein Schlaganfall, dem er in der Nacht zum 16. April 1828, umgeben von den Seinigen, erlag. Ein Sturz von der Treppe hatte sein Ende beschleunigt.

Unter dem Geleit der ganzen spanischen Kolonie wurden die sterblichen Reste in der Grabstätte seines Verwandten Martin Goicoechea, der drei Jahre früher in der Verbannung zu Bordeaux gestorben war, auf dem romantischen Friedhof der Grande Chartreuse zur Ruhe gebracht. Von pietätvoller Hand ward später über dem Grabe ein schlichtes, von einem Gitter umgebenes Denkmal errichtet, das in lateinischer Inschrift Goyas Namen und Bedeutung kündete.

*   *   *

An einem Maientage des Jahres 1900 bewegte sich ein prächtiger Leichenzug durch die Straßen der kastilischen Hauptstadt zum nationalen Kirchhof von San Isidro. Ganz im Gepränge des achtzehnten Jahrhunderts.

Ein Augenzeuge berichtet, daß der Sarg von acht edlen Rappen mit reichem Feder=
schmuck gezogen wurde, begleitet von acht in Gold strotzenden Dienern mit Allongeperücken.
Ganz Madrid war auf den Beinen, selbst aus weiter Ferne hatten viele die Reise nicht
gescheut, um dem Schauspiel beizuwohnen. Der hier die letzte Stätte fand, nachdem
seine Gebeine lange in fremder Erde geruht hatten, war der größte Künstler Spaniens
seit dem Zeitalter der Velasquez und Murillo, einer der größten aller Zeiten — Francisco
de Goya.

Abb. 144. Ursprüngliches Titelblatt der Caprichos. (Zu Seite 97.)

Verzeichnis der Abbildungen.